Kochbuch für die kleine alte Frau

Sybil Gräfin Schönfeldt

Kochbuch für die kleine alte Frau

edition momente

5. Auflage Dezember 2019

4. Auflage Juni 2019

3. Auflage Januar 2019

2. Auflage Oktober 2018

1. Auflage September 2018

Copyright © 2018 by edition momente GmbH,

Zürich-Hamburg, Raabe + Vitali

Alle Rechte vorbehalten

Umschlagzeichnung: Jutta Bauer

Gestaltung: Max Bartholl, Frankfurt

Gesamtherstellung:

Friedrich Pustet GmbH & Co KG, Regensburg

Printed in Germany

ISBN 978-3-0360-6001-9

Inhalt

Küchenerinnerungen

Sie klingelte, als ich gerade die gewürfelte Paprikaschote zu den angedünsteten Zwiebeln in die Pfanne gegeben hatte. Ich stellte das Gas ab, öffnete die Tür und sagte zu meiner Kollegin: »Du musst mit in die Küche kommen. Ich bin mitten im Kochen. Willst du mitessen? Dann schneide die andere Paprikahälfte in Würfel!«

Sie war gerade fertig mit dem Schneiden, als die Pfanne wieder heiß war. Noch ein bisschen Butter dazu und rühren, bis die Paprikawürfel fast gar waren. Dann die gewürfelten Tomaten – mehr als zwei hatte ich nicht –, würzen.

»Willst du abschmecken?«

Ich hatte Glück. Erstens schmeckte es ihr, und zweitens gab der Kühlschrank noch eine Bratwurst her. Mit nassen Händen streifte ich das Brät zu Nocken heraus und ließ sie im Gemüse garen.

»Das musst du aufschreiben!«, sagte meine Kollegin. »Genau solche Rezepte brauche ich jetzt!« Sie war früh verwitwet, lebte allein, die Kinder waren gerade aus dem Haus.

»Solche Rezepte?«

»Ja, so schön klar im Geschmack und rasch gemacht. Ich hab keine Lust, für mich allein viel Umstände zu machen.«

Das war damals, als ich noch ein Single mit zwei Teetassen und einer Pfanne war und nicht ahnte, dass mir erst einmal alles andere als Single-Gerichte bevorstand, der Beruf, die Kollegen, die ich zum Abendbrot einlud, die Ehe, die neue Familie, die ganz anderen Einladungen, die Kinder, die Feste und Ferien mit ihnen und mit allem, was einen Haushalt ausmacht: Töpfe und Pfannen, die ich kaufte, Tassen und Teller, die ich erbte. Und in der Mitte der Tisch, um den sie alle saßen und immer wieder bewiesen, dass Essen mehr als Nahrung ist: Es eint. Es ist des Lebens Wonne.

Heute stehe ich in meiner Wohnung, in der ich seit 60 Jahren lebe, inmitten von Dingen, die noch sein werden, wenn ich nicht mehr bin. Und inmitten all meiner Küchenerinnerungen. Da ist der Küchenschrank, extra nach den Wünschen meiner Großtante vom Tischler Kreidel angefertigt.

»Der gehört auf den Sperrmüll«, sagte der Mann, der neben ihm den Kühlschrank installierte. »Mit

einem solchen Schrank kriegen Sie nie eine ordentlich geschlossene Küchenzeile zustande!«
Ich will aber gar keine ordentlich geschlossene Küchenzeile. Ich will den Schrank. Vollholz. Rahmen-
tür. Rund gedrechselte Füße. Er knackt und knarzt
wie ein alter Mann, und durch ein Seitenbrett läuft
ein Riss, der aufplatzte, als der Schrank nicht mehr
in der Küche mit dem Holzherd stand, sondern bei
mir und der Zentralheizung. Verstellbare Holz-
regale, alle von der Großtante sorgfältig mit Lino-
leum ausgelegt, das es heute noch gibt und an dem
manchmal die schweren Porzellanplatten festkle-
ben. Wenn ich ihn anschaue, schlank und hoch,
rieche ich, wie der Hefeteig roch, der neben ihm
unter einem Küchentuch aufzugehen begann, und
weiß noch genau, in welchem Fach der schwarze
Schmortopf stand, in dem der kleine Hackbraten
hinten auf der Herdplatte, wo die Hitze nicht mehr
so stark war, leise vor sich hin schmorte.
Das war die Küche meiner Kindheit, die Küche der
beiden Rote-Kreuz-Schwestern, bei denen ich aufgewachsen bin. Das waren die zwanziger Jahre des
20. Jahrhunderts, als die Küche noch nicht mit
elektrischen Geräten ausgestattet war. Es gab das
Arbeits- und das Backbrett, das auf den Küchen-

tisch gelegt wurde, es gab die Schublade mit Koch-
löffeln, verschiedenen Messern und anderem Gerät,
und in der Speisekammer hingen Durchschlag und
Siebe, Reibeisen, Kartoffelstampfer und Schneebesen nebeneinander an den langen Nägeln.

Es gab die Küche und die Speisekammer. Es gab
den Keller, in dem der Einmachschrank stand, aus
Latten gebaut, sodass die Weckgläser mit Kompott
und Marmelade Luft hatten, und daneben die Kar-
toffelkiste, und im Herbst kamen die Obsthorden
dazu. Äpfel für alle Tage, kleine rote für Weihnachten, andere, die zu einer unbeschreiblichen Süße
schrumpelten und bis Ostern hielten.

Es wurde jeden Tag eingekauft. So kam von ganz
allein das frisch in die Küche, was die Jahreszeit zu
bieten hatte. Zuerst ging meine Großtante in die
Gärtnerei. Ich trug den Korb. Sie begutachtete mit
dem Gärtner die Salatköpfe im Beet und ließ sich
den abschneiden, der ihr gefiel. Auf dem Heimweg
kam das frische Brot in meinen Korb, und wenn
der rothaarige Bäckergeselle den Zwetschgenkuchen aus der Backstube in den Laden brachte,
schnitt er uns gleich ein Stück ab.

Wenn ich heute, ein ganzes Lebensalter später, die
Tür von Kreidels Küchenschrank öffne, denke ich

an die Reichsstadt an der Lahn. Die Stadt gibt es nicht mehr. Die letzten Bombenteppiche im März 1945 haben sie so zerstört, dass nur der Name blieb. Aber der Schrank ist noch da, ein lebendiges Mahnmal für die Entscheidungen, die ich eigentlich treffen müsste. Ich schaue mich um und frage mich: Was brauche ich noch? Was hat sich in den 60 Jahren an Gerät und Geschirr angesammelt! Und wie werde ich es wieder los? Sperrmüll? Flohmarkt?

Da ist die Teekanne, die sich mein Mann extra und nach speziellen Tee-Ideen von einer Töpferin herstellen ließ. Das erste Geschirr, das ich nach genau den gleichen Prinzipien kaufte wie Goethe sein billiges Pfeifentongeschirr fürs Gartenhaus. Unseres war blau-weißes englisches Steingut aus einem Ausverkaufsangebot, und ich kaufte es, weil die Kinder in den stürmischen Jahren waren und sich keiner aufregen sollte, falls es Scherben gab. Da ist der verrückte Doppeltoaster, in dem alles unten verbrannte und oben kalt blieb. Er landete in der Verbannung auf dem obersten Regal der Butze, wo er seitdem einstaubt. Und da ist der Tellerwärmer, den wir nie benutzt haben. Weihnachtsgeschirr, das ich, seit zehn Jahren allein, nie mehr brauchen werde.

Eine Freundin hat einmal in der gleichen Situation gesagt: »Alles, was du fünf Jahre lang nicht in die Hand genommen hast, kannst du wegwerfen.«

Kann ich das? Muss ich das?

Ich muss es nicht. Noch nicht. Es ist genug Platz in Schränken und Schubladen. So werfe ich gelegentlich weg, was wirklich überflüssig oder alt und verrostet ist, aber bestimmt nicht die orangefarbenen Creuset-Töpfe mit ihrem weißen Inneren. In dem ovalen größten habe ich die knoblauchgespickte Lammkeule gebraten. In dem runden großen das Gulasch aus Lamm oder Rind geschmort. In der Gratinform den Semmelauflauf mit Äpfeln und Mandeln gebacken, den die Kinder so liebten.

Eines Tages kam eine Cousine. »Was? Du hast noch all diese herrlichen Töpfe?«

Ja, ich habe sie, aber ich brauche sie nicht mehr. Ich bin froh darüber, dass ich diese getreuen Helfer wie einen Hund oder eine Katze »in gute Hände« abgeben konnte. Die Cousine hat Töchter, und die Töchter haben auch Töchter, also sehe ich meine Töpfe von Küche zu Küche ziehen, vielleicht von Land zu Land. Sie werden zwei bis drei weitere Generationen bestehen, und ich habe noch einen Schmortopf behalten. Er ist schwarz, aus Gusseisen, sicher älter als ich. Was habe ich nicht alles in ihm gekocht!

Jeder verfügt über einen Schatz an Rezepten, die sich im Lauf des Lebens angesammelt haben, die man bei Freundinnen kennengelernt und vielleicht geschenkt bekommen hat. Ich hege und pflege sie, die Rezepte für die ganze Familie, weil ich sie so liebe, weil sie Erinnerungen an bestimmte glückliche, heitere Momente im Leben wecken. Manchmal lese ich sie nur, wie die in dem dicken roten Buch meiner Großtante, und manchmal überlege ich, wie ich daraus eine Einzelmahlzeit entwickeln könnte. Aus der Fülle der Gerichte, aus den Erfahrungen eines langen Lebens kann ich heute das aussuchen, was mir im Alter, wieder ein Single, passt und schmeckt.

Das dicke rote Buch
meiner Großtante

Bei meiner Großtante gab es ein dickes rotes Buch. Der Vater hatte es ihr eingerichtet, als sie, ein halbes Kind, ihm nach dem Tod der Mutter den Haushalt führte. Er schrieb ihr mit winziger, eleganter Schrift auf, wie man Rostflecken aus Leinen tilgt, wie man den Schmerz im hohlen Zahn betäubt oder wie man eine Christstolle backt. Ein paar Seiten weiter schrieb die Tochter in ebenso gestochen schöner Handschrift ihr erstes Rezept auf.

Sandtorte

»Man rühre 250 g frische Butter und 250 g feinstes Weizenmehl an einem kühlen Ort recht schaumig und dann 250 g gesiebten Zucker und 4 Eier nacheinander dazu – immer ein Ei, und wenn dies gut verrührt, die abgeriebene Schale einer ½ Zitrone und einen gehäuften Teelöffel Backpulver. Fülle die Masse schnell in eine mit Butter ausgestrichene Form, stelle sie sofort in die ziemlich heiße Röhre und lasse sie ¾ Stunden lang backen.«

Sie führte das Büchlein weiter, später als Rote-Kreuz-Schwester, die im Ersten Weltkrieg in einem Feldlazarett in Frankreich Verwundete pflegte, und selbst noch als alte Frau im Zweiten Weltkrieg. Davon erzählt das kleine dicke rote Buch.

Auf der nächsten Seite ist ein Kalenderblatt eingeklebt, auf dem es heißt, wie man eine Zimmerlinde pflegt, und dann folgen Rezepte von Kuchen. Napfkuchen, Blechkuchen, Hörnchen, Taschen und Rollen für die Einladung zum Nachmittag, zu Tee oder Kaffee.

Diese Frauen waren gesellig, aber als Frauen nach den damaligen Regeln ohne gesellschaftliche Verpflichtungen. Sie mussten kein Haus führen, wie das damals hieß, es wurde nicht von ihnen erwartet, dass sie Gesellschaften gaben. Das hätte ihre Finanzen ohnehin überschritten. Es verlieh ihnen stattdessen die persönliche Freiheit, sich ihr Leben einzurichten, wie sie es wollten oder wie es im Rahmen ihrer pekuniären Lage möglich war.

Es war einfach für die Witwen und Fräulein, eine schöne Decke mit Kreuzstich oder Hohlsaum auf den Tisch zu legen, das gute Porzellan aufzudecken, einen Kaffee frisch aufzubrühen. Sie luden so viele Gäste ein, wie Stühle um den Tisch standen. Der

Kaffeeklatsch dauerte nicht länger als bis sechs oder sieben Uhr, so kamen alle noch bei Tageslicht nach Hause.

Ich gebe keine großen Teegesellschaften mehr. Wenn ich also diese Torte gebacken und serviert habe, bleibt natürlich der größte Teil übrig. Was mache ich mit einer halben Sandtorte?

Ob es diese ist oder eine andere: Ich bin froh, dass es Reste gibt, denn ich schneide den Tortenrest in Stücke und packe zwei oder drei Portionen in Tiefkühlfolie und friere sie ein. Ich weiß unterdessen, welche Torte diese Art der Bevorratung gut übersteht und welche ich lieber am nächsten Tag wieder einem Kuchenliebhaber vorsetze. Auf jeden Fall habe ich einen Vorrat für alle Gelegenheiten: ein kleines Päckchen mit zwei Stück oder Scheiben als Sonntagshappen für mich allein.

Wer immer mich besucht, bekommt auf jeden Fall den

Apfelkuchen

Ich sammle dafür die Aluformen, 20 x 15 x 5 cm, in die manchmal zarte und zerbrechliche Lebensmittel verpackt werden. Drei Stück passen auf den Rost meines Backofens, also knete ich einen Mürbteig aus

250–300 g Mehl, 200 g Butter, 50 g Zucker, 1 Ei und 1 Prise Salz. Im Kühlen ruhen lassen und unterdessen 6–8 Äpfel schälen, entkernen und zu dünnen Scheiben schneiden. Den Teig dritteln, ausrollen, so in die Formen legen, dass ein kleiner Rand entsteht. Die Apfelscheiben nicht hineinlegen, sondern hineinstellen und in 30–40 Min. bei Mittelhitze backen. Dann erst mit etwas Zucker oder Zimtzucker bestreuen.

Einer der drei Kuchen bleibt immer draußen, die anderen beiden werden nach dem Abkühlen in der Backform in Folie gewickelt und eingefroren.

Eines der ältesten Rezepte in dem roten Buch ist der *Heringssalat*, der am 24. Dezember abends als letztes Fastengericht serviert wurde. Diesem Rezept bin ich im Lauf meines Lebens immer wieder begegnet, je nach Familie und Landschaft genau so, aber ganz anders kombiniert.

Die Grundbestandteile in beliebiger Menge: gekochte Rote Bete, Boskopäpfel, Gewürzgurke, Hering, Kapern, Pellkartoffeln, gekochte Sellerieknolle, fein gewürfelte Zwiebel.

Hamburger Heringssalat:
mit Essig und Öl angemacht.
Russischer Heringssalat:
mit saurer Sahne oder Schmand vermengt.
Großmütterlicher Heringssalat:
mit Scheiben von hart gekochten Eiern verziert.

Ich dagegen habe ein altes Rezept entdeckt, weniger Zutaten, kleinere Mengen, aber im gleichen Sinn komponiert:

Heringssalat auf Livländische Art
Einen eingelegten Hering in Streifchen schneiden, gleich viel Äpfel und gekochte Pellkartoffeln in kleine Würfel schneiden, beides mischen mit fein gewiegter Petersilie und Fenchelkraut, Estragon, Essig, Öl und Pfeffer. Mit dem Salz muss man bei diesem Rezept vorsichtig sein, weil der eingelegte Hering oft schon ausreichend Salz mitbringt.

Das ist das Rezept, das ich mir zwischendurch immer wieder zubereite.

Margrets Mandeltorte

In dem dicken roten Buch steht bei manchem Kuchenrezept, von wem es stammt. Aber manche werden gehütet wie ein kostbares Geheimnis, so wie das Rezept einer *Mandeltorte,* die meine Freundin Margret Rettich, die Kinderbuchzeichnerin, und ich in Bologna während der jährlichen Kinder- und Jugendbuch-Messe in einem der vielen Cafés oder Konditoreien gegessen haben.

Das Rezept?

»Nein, leider ...«

Margret versuchte es jeden Tag während der ganzen Messe wieder, dachte sich jeden Tag eine neue Geschichte aus, warum sie das Rezept brauche, vergeblich.

Wieder daheim, begann sie eine ehrgeizige Versuchsreihe und hat sicher Dutzende von Torten gebacken, bis sie alle richtigen Zutaten beisammenhatte, bis die Torte richtig schmeckte und sich von allen anderen ihrer Art unterschied. Dann schenkte sie mir das Rezept zum Geburtstag:

Mandeltorte

Einen Mürbteig herstellen und eine Springform ausle-
gen, dabei einen hohen Rand anlegen. Eventuell die
obere Kante mit einem Löffelstiel rhythmisch eindrü-
cken, eine Art Zackenmuster. Den Boden mit einer
hellen Marmelade nicht zu dick bestreichen, Aprikose,
Mirabelle oder Quitte, natürlich auch Orange.
300 g geschälte Mandeln fein reiben, mit 4 Eigelb,
50 g Honig, 100 g Zucker und 1 EL Mondamin mi-
schen, mit Anisschnaps befeuchten, bis die Masse ge-
schmeidig ist. Wer will und wer gern Anisgeschmack
hat, kann noch etwas Anisgewürz gemahlen hinzu-
fügen. Zum Schluss den Eischnee von 4 Eiern unter-
heben, die Masse auf den Mürbteigboden häufen
und glatt streichen. Dicht mit geschälten ganzen
Mandeln, etwa 150 g, belegen. Mit Puderzucker be-
stäuben und eine Stunde bei etwa 200° backen.

Eine andere Torte bekam ich bei der Frau eines
Verlegerfreundes zum Tee, eine *Zitronentorte*, und
weil sie mir so gut schmeckte, schenkte sie mir das
Rezept zum Geburtstag:

Zitronentorte

Zuerst knete ich den Mürbteig aus 200 g Mehl, 150 g Butter, 80 g Zucker, 1 Ei und 1 Prise Salz. Während der Teig die übliche halbe Stunde im Kühlen rastet, wird die Füllung zubereitet. 3 Eier werden mit 150 g Zucker, dem Saft und dem Abgeriebenen von 2 Zitronen verrührt, dann kommt 150 g Süßrahmbutter dazu, flüssig, aber abgekühlt. Die Mischung wird in den ausgerollten Tortenboden gefüllt und im vorgeheizten Ofen bei 175° 30–35 Min. gebacken.

Zwei geschenkte Rezepte, die ich noch heute ab und an backe – in Gedanken an die Urheberinnen.

Das dicke schwarze Buch
meiner Großmutter

Mein Vater hat dreimal geheiratet, also bekam ich zu den gegebenen noch zwei weitere Großmütter dazu. Weil eine davon zweimal verheiratet und verwitwet war, ergab das für mich auch eine weitere Anzahl von Großvätern. Und da diese ganze Gesellschaft aus Nassau und Göttingen, aus Sachsen und Böhmen bis nach Wien und Konstantinopel und von den Philippinen stammte, wuchs ich in einer Art interkontinentaler Küche auf.

Ein Beispiel: der Reis. Meine venezianische Großmutter rührte noch als einsame, verwitwete alte Frau im Altersheim ihren Risotto in einem kleinen Pfännchen auf einer Art Campingkocher. Die Wiener Großmutter, die aus Prag stammte, kochte den Reis in einer köstlichen fetten Fleischbrühe mit Zwiebeln und Pfefferkörnern einmal auf, besetzte ihn dann geduldig mit Butterflocken und schob den Topf ins heiße Rohr.

Und meine deutsche Großmutter mit der philippinischen Vergangenheit kochte auch im Zweiten Weltkrieg ihren Reis flockig und weiß, servierte ihn auf alten chinesischen Tellern und hatte immer noch genug Currypulver in englischen Blechdosen, das ihr den Gefallen tat, seine reiche, warme Würzkraft nicht zu verlieren.

Diese Großmutter führte auch ein Buch, ein dickes schwarzes, in das sie seit ihrer ersten Ehe in Manila, also seit etwa 1900, das eintrug, was ihr bemerkenswert erschien. Zum Beispiel die Zutaten der Gerichte, die ihr Koch oder die Unas, wie das gesamte einheimische Personal genannt wurde, für jeden Tag kochten und für die abendlichen Gesellschaften, die meine Großeltern gaben.

Gekocht wurde im Küchenhaus, in einer gehörigen Entfernung vom Wohnhaus und auf offenem Feuer. Falls ein stärkeres Erdbeben oder ein Sturm das Küchenhaus umstürzte und alles Feuer fing, blieb das Haupthaus verschont.

Gekocht wurde nicht nach Rezepten oder Kochbüchern, denn erstens konnten die Unas nicht lesen, und zweitens hatten sie schon daheim als Kinder beim Kochen mitgeholfen. So notierte meine Großmutter damals und auch später, als sie wieder in Deutschland war, nur die Zutaten. Die Mengen hatte sie im Kopf, und wenn sie in den Kriegs- und vor allem den kümmerlichen Nachkriegsjahren zu etwas Reis gekommen war, konnte sie wunderbare Gerichte kochen.

Sie notierte außerdem, wer wann zum Essen eingeladen war, was in Manila der Koch und später in Hamburg und Göttingen sie selber gekocht hatte: damit keinem Gast serviert wurde, was er bei der letzten Einladung gespeist hatte.

Sie beherzigte außerdem die Goethe-Regel: Die Zahl der Gäste soll die der Musen nicht übersteigen, also nicht mehr als neun, und außerdem Gäste nicht nach Rang und Namen, sondern so zusammensetzen, dass sie sich etwas zu sagen haben.

Manchmal notierte sie dazu, wie gut eins dieser Feste gelungen war, oder notierte in Stichworten, dass und warum es nicht geklappt hatte.

Noch als alte Frau, als die Zeit der großen Diners vorbei war, als alle gestorben waren, für die sie gekocht hatte, saß sie auf ihrem Sofa und blätterte in ihrem schwarzen Buch. Manchmal seufzte sie, manchmal lachte sie, und manchmal fragte sie: »Hab ich dir eigentlich schon einmal von dem Picknick erzählt, das im wahrsten Sinn des Wortes ins Wasser gefallen ist?« Oder sie summte, ganz versunken, die Zutaten eines ihrer Lieblingsgerichte vor sich hin.

Reisgerichte

Das schwarze Buch meiner Großmutter habe ich nicht mehr, wohl aber die Erinnerung an Gerichte, die nun zu meinen Traditionsessen gehören. Ich habe sie oft für unsere Gäste gekocht, und einige wenige koche ich heute noch für mich allein, weil sie erstaunlicherweise, obwohl in den Mengen reduziert, im Wohlgeschmack aber voll und ganz genossen werden können.

Kedgeree

stammt aus Indien und ist angeblich von indischen Köchen für ihre currysüchtigen englischen Herren erfunden worden. Man braucht dazu gekochten Fisch. Das kann ein Rest sein, es kann frisch gedünsteter Rotbarsch oder ein Stück Tiefkühlfisch sein. Hauptsache, er ist frisch und grätenlos. Er wird zerpflückt und mit gleich viel gekochtem Reis vermischt, kommt in zerlassene Butter, 50–75 g, wird mit so viel Curry, wie man mag, und mit 1–2 hart gekochten, fein gewürfelten Eiern vermischt und umgeschwenkt. Dann zerklöppelt man pro 2 Tassen Mischung 1 Ei mit etwas Milch, gießt es auf den Reis und rührt den Reis mit seinen

anderen Zutaten vorsichtig so lange, bis die Eier ge-
stockt sind. Mit reichlich Petersilie oder gerösteten
Zwiebelringen servieren. Man kann einen Tomaten-
salat oder gemischte grüne Salate dazu reichen, und
das Getränk ist Bier.

In England umkränzt man das Kedgeree mit gedünsteten Tomaten. Ich verarbeite den Reis lieber
anders. Zum Beispiel zu

Eier-Krabben-Reis

Das ist die indische Abart des kolonial-indischen
Kedgeree. Man würfelt 70 g Räucherspeck, lässt ihn
in einer großen Pfanne oder einem feuerfesten Topf
glasig werden, bräunt je 1 gewürfelte Zwiebel und
1 Knoblauchzehe darin an und gibt eine in feine Strei-
fen geschnittene und entkernte Paprikaschote dazu.
Zudecken und ein paar Min. dünsten lassen. Dann
kommen 150 g Krabbenfleisch und 1 Tasse gekochter
Reis dazu, vorsichtig und gut umrühren und heiß
werden lassen. 2 Eier zerklöppeln und dazuschütten.
So lange mit dem Holzlöffel rühren, bis die Eier ge-
stockt sind. Mit 1 EL Sojasauce würzen und sofort
auftragen.

Das dritte Rezept, das jeder ebenfalls ohne Qualitätsverlust in das Repertoire der Single-Gerichte aufnehmen kann und das zu unendlichen Variationen einlädt, ist *Reis Méridon*. Das ist ein Gericht aus der Kaiserzeit, also aus der Zeit meiner Großelterngeneration, als man sich abends zum Essen umzog, als ein Koch oder eine Köchin üppige Gerichte herstellte, die auch einen bewundernswerten Anblick boten und für deren Aufbau der arme Reis als Sockel für Fleisch oder Fisch missbraucht und nicht gegessen wurde. Als Reis und Nudeln in Koch- und Fachbüchern unter »Gemüse« zu finden waren und die Tomaten noch Paradeisapfel hießen und im botanischen Garten bewundert wurden. Méridon ist der Name eines Schlosses in Frankreich, und dort wird es vermutlich einen Koch gegeben haben, der den Reis auf seine Art und Weise verarbeitet hat. Jedenfalls taucht das Rezept 1819 in einem deutschen Kochbuch wieder auf. Und so koche ich es heute noch:

Reis Méridon

200 g Langkornreis in 2 l schöner fetter Fleischbrühe aufkochen, die Brühe 5 Min. unter gelegentlichem Umrühren sprudeln lassen. Hitze klein stellen, den

Reis etwa 20 Min. ausquellen lassen und abgießen. Unterdessen 100 g Butter in einem Topf zerschmelzen lassen, den Reis hineingeben, 4 Eier, eins nach dem anderen, mit Salz und Pfeffer nach Geschmack und Notwendigkeit dazugeben, vorsichtig umrühren und auf schwacher Hitze und bei ständigem Rühren garen lassen, bis die Eier gestockt sind. Dann kühlt das Méridon ab.

Der Méridonteig ist die Basis für die verschiedensten Aufläufe. Man fettet in jedem Fall eine Auflaufform aus, streut sie mit Semmelbröseln aus und füllt die Hälfte vom Reisteig ein.

Zum *Fleischméridon* schneidet man 500 g gekochtes Kalb- oder Hühnerfleisch in Würfel, gibt es zu 1 Tasse Tomatenwürfel und schmeckt mit Zitronensaft ab. Diese Mischung wird auf den Reis gestrichen, mit der zweiten Hälfte zugedeckt, mit Butterflöckchen besetzt und im auf 200° vorgeheizten Ofen 20–30 Min. gebacken.

Zum *Pilzméridon* mischt man 250 g gedünstete Pilze mit gekochtem, fein gewiegtem Fleisch oder gekochtem Schinken und verfährt wie oben.

Für Vegetarier ist das *Spinatméridon* das Beste: 500 g gekochter Blattspinat wird grob gehackt, mit angedünsteten Zwiebel- und Speckwürfeln gemischt, mit 2–3 EL saurer Sahne vermengt, gewürzt und wie oben zwischen die beiden Reislagen gefüllt.

Auf diese Art und Weise kann man sich ein Dutzend andere Füllen ausdenken, kann den Reis auch mit fein gewiegten Kräutern mischen. Ich steche gern mit einem Esslöffel aus dem erkalteten Méridonteig Nocken, kleine Klößchen, aus, wälze sie in Semmelbröseln und backe sie langsam und leise golden aus. Oder ich lege 4 oder 5 solcher Klößchen in einen Suppenteller und begieße sie mit etwa 1 Tasse kochend heißer Hühnerbrühe.

Und wenn ich abends Gäste habe, sitzt mein Méridon brav im Ofen und ist auch nicht beleidigt, wenn es bei 50° auf die letzten Gäste warten muss, die im Stau stecken geblieben sind. Wie das Méridon auch gefüllt ist, grüner Salat passt immer dazu.

Mein häufigstes Reisgericht ist allerdings bescheidener: *Gebratener Reis.* Als ich das erste Mal mit meinem jüngsten Sohn die spanisch-philippinischen Nachfahren meines Großvaters in Manila besuchte, gab es mir zuliebe ein europäisches Kaffee-Semmelfrühstück. Bald jedoch tauschte ich es gegen das einheimische Frühstück, bestehend aus einer Tasse Suppe, die jeden Tag anders und immer so gewürzt war, dass man nichts anderes auf der Welt essen wollte. Oder gegen die zweite Frühstücksversion: 1 großes Glas Fruchtsaft, frisch gepresst, und gebratener Reis.

Gebratener Reis

Dazu lässt man etwas Butter und vielleicht 1 EL Öl in einer Pfanne zerschmelzen und heiß werden, gibt 1 oder 2 Tassen gekochten Reis dazu, würzt ihn mit einheimischen oder asiatischen Gewürzen, rührt und rührt und rührt ihn auf schwacher Hitze, bis sich alles so vermengt hat, wie man es mag.

Man setzt sich mit seinem Teller Frühstücksreis auf den schattigen Balkon oder am Strand in den Sand, isst einen Löffel, trinkt einen Schluck kühlen Obstsaft und genießt das Leben.

Vom Ketten-Kochen

Wer den Begriff erfunden hat, weiß ich nicht, aber das Ketten-Kochen ist die beste Technik, sich als Single vernünftig zu ernähren und Ordnung in den Tag zu bringen. Denn weil kein anderer da ist, für den ich kochen muss, vergesse ich oft die Zeit, wenn ich arbeite. Was dann?
Es gibt die eine, die beste Möglichkeit: Pfeif auf die traditionellen Mahlzeiten. Iss, wenn du Lust dazu hast. Du bist frei, keiner kann dich reglementieren. Aber das kann auch der Schritt ins Chaos sein, der Schritt zur nächsten Frage: Warum stehe ich morgens überhaupt auf? Warum wasche ich mich und putze die Zähne? Für wen will ich sauber sein? Für wen so schön, wie es noch möglich ist?
Ich dagegen koche *Kette mit Reis, Pasta und Kartoffeln.*
Das heißt: Ich setze einen großen Topf Wasser auf, lasse es aufkochen, werfe zwei Tassen Reis oder eine Packung beliebiger Nudeln oder 9 Kartoffeln hinein, lasse es abermals aufkochen, stelle die Hitze wieder auf mittel oder schwach und lasse Reis oder Nudeln oder Kartoffeln je nach ihrer Art und Na-

tur gar kochen. Der Reis bekommt erst kurz vorm Garsein sein Salz, das Nudelwasser ist von Anfang an kräftig gesalzen, und zu den Pellkartoffeln kann man nicht nur Salz, sondern auch 1 TL Kümmelkörner oder einen Zweig Rosmarin geben.

Ich koche also alles, bis es gar ist, gieße Reis oder Nudeln in ein Sieb und lasse sie abtropfen. Ich nehme ein Drittel vom Reis oder von den Nudeln oder pelle mir 3 Kartoffeln, wenn ich mir gleich eine Mahlzeit machen möchte. Die restlichen zwei Drittel lasse ich abkühlen, fülle sie in Gefrierbeutel oder Schüsseln und lege sie auf Vorrat. Vorrat bringt Ordnung in meine Küche.

Da steht dann die blaue Schüssel mit einem Reis-Drittel im Kühlschrank. Ich sehe sie, wenn ich die Butter zum Frühstück, die Sahne zum Kaffee aus dem Kühlen hole. Der weiße Reis sieht so schön aus in dem tiefen Königsblau der Schüssel.

Bei mir sind eine Reihe von Tellern gestrandet, Reste aus einem Service, einsame Erbstücke. Einer der Teller trägt ein dichtes Muster aus Vögeln und Blättern, so tiefblau wie die Schüssel. Und schon entsteht eine Ordnung auf meinem Tisch, zudem etwas, das meine Seele braucht: Schönheit. Das Reis-Drittel und seine schöne blaue Schüssel haben aus der schieren Nahrungsaufnahme etwas werden lassen, worauf ich mich gefreut habe, einen festen Platz in meinem Alltag. Da wird nichts hastig verschlungen, vielleicht sogar im Stehen in der Küche. Da bereitet mir mein Essen den festen Platz für die Mahlzeit: einen gedeckten Tisch, eine weiße Serviette, vielleicht ein Glas für Wasser oder Wein, die blaue Schüssel, die blauen Vögel auf dem Teller.

Ich sitze allein am Tisch, aber es macht mir nichts. Wie oft hat die blaue Schüssel auf diesem Tisch gestanden. Wie jetzt voll frisch geriebenem Käse für den Risotto. Und wer einst an diesem Tisch gesessen hat, sitzt wieder um mich herum, und ich höre sie reden, ich höre sie lachen.

Das war das erste Drittel Reis. Das zweite wird mit einer Zwiebel, einem Stück Zucchino und einer Tomate, alles gewürfelt, gewürzt und in Butter gedünstet, mit dem Reis gemischt.

Aus dem dritten Drittel mache ich vielleicht eine Mini-Reistafel, wie sie meine Großmutter machte, immer mit gebratenen Bananenscheiben.

Und ist noch etwas übrig? Dann gibt es Hühnersuppe, Hühnersuppe mit Reis! Woher die Hühnersuppe kommt? Aus der Dose. Sie gehört zu den wenigen kochfertigen Zutaten, die ich benutze. Ich habe mir aus dem Angebot die Hühnersuppe ausgesucht, die mir am besten schmeckt, habe immer zwei oder drei Dosen in der Speisekammer als Vorrat, den ich gern auch durch Rinderconsommé ergänze.

Das ist eine meiner Reis-Ketten.

Und was kann man alles aus zwei oder drei Pellkartoffeln machen! Ich liebe die mehligen Sorten, die beim Kochen so wunderbar aufplatzen, dass man sie schon bei diesem Anblick schmeckt. Habe ich aber nur die Standardkartoffeln, so mixe ich die gewürfelten Kartoffeln mit Potato Spice, einem Kartoffelgewürz, das eine meiner Food-Editoren-Freundinnen in ihrer Gewürzmanufaktur hergestellt hat.

Meine drei ersten Lieblingspellkartoffeln schneide ich in kleine Würfel und fülle sie in eine Schüssel. Gebe Salz, Pfeffer und ein Lieblingsgewürz dazu und schwenke sie mit einem Löffel Mehl durch, sodass alle Würfelchen einen gewürzten Mehlmantel bekommen. Dann gebe ich sie ins heiße Fett, brate sie rasch an und dreh und wende, bis alles kross und knackig ist. Das schmeckt so gut, dass man eigentlich nichts dazu braucht. Vielleicht ein Rührei. Oder ein paar Blatt Salat.

Die nächsten drei gepellten Kartoffeln bekommen am nächsten Tag eine Sauce, entweder Zaziki (kann man fertig kaufen, möglichst von einem griechischen Hersteller) oder meine Grüne Sauce. Dazu einen Becher Vollmilchjoghurt vermischen mit Salz, Pfeffer, einer Prise Zucker und so viel Kürbiskernöl, dass das Joghurt hellgrün wird.

Und die letzten drei Kartoffeln werden blättrig geschnitten, mit einem Schuss Weinessig und Öl begossen, mit Salz und Pfeffer und allen erreichbaren grünen Kräutern durchgeschwenkt und zugedeckt ziehen gelassen. Im Sommer werden sie zu einem bunten Salat vermengt, mit Tomaten, Kresse, Fenchel oder Radieschen, vielleicht mit einem Rest gelben Brechbohnen. Im Winter raspelt man vielleicht eine Mohrrübe hinein oder vermischt den Salat mit Hülsenfrüchten.

Das ist eine meiner Kartoffel-Ketten.

Falls noch Kartoffeln aus der Kartoffel-Kette übrig geblieben sind, kann man auch einmal ein *Gratin* zubereiten, nicht für mich allein, aber für ein Essen mit Gästen geradezu ideal:

Gratin Morvandelle

1 Zwiebel und 1 Knoblauchzehe pellen und würfeln, in Butter golden dünsten und in eine Schüssel füllen. Dazugeben: 4 Eier, leicht zerklöppelt, 1 Becher Sahne, 3 große rohe Kartoffeln, geschält, gerieben und in einem Küchentuch fest ausgedrückt, 100 g Würfelschinken, 100 g Reibkäse. Das alles wird vermengt, abgeschmeckt und in eine gut gebutterte Auflaufform geschüttet. 45 Min. bei 200° backen und ruhig im abgeschalteten Ofen 10–15 Min. bei offener Ofentür rasten lassen.

Dieses Rezept habe ich vor vielen Jahren im englischen *Observer* entdeckt, das mir merkwürdig vorkam, weil die Zutaten so kunterbunt vermischt werden, als ob sie von einem Kind ausgewählt worden wären. Mich packte die Neugier, ich ließ es nachkochen, und es war eine solch angenehme Überraschung, dass ich es oft selbst gemacht habe.

Mein liebstes Kartoffelgratin aber heißt

Janssons Versuchung
und ist ein ideales Rezept für eine Gastgeberin, die es anstrengt, ein klassisches Menü zu kochen. Aber

es sollten mindestens 4 Personen um den Tisch herumsitzen. Ich schäle also friedlich am Nachmittag so viele Kartoffeln, wie in meine Gratinform passen, und lasse sie in einer Schüssel mit Wasser warten.

Zwischen 17 und 18 Uhr decke ich den Tisch, öffne die Rotweinflasche, schmiere meine große Gratinform mit Butterschmalz aus und fange an, die Kartoffeln in dünne Scheiben zu schnippeln. Dann schichte ich sie in die Form, pfeffere jede Schicht, salze zurückhaltend, und wenn alle Kartoffeln versorgt sind, lege ich dünne Sardellenstreifen auf die oberste Schicht und begieße die Fülle mit einem Becher Sahne. Genauso gut: die oberste Schicht mit dünnen Speckscheiben zudecken. Im Ofen bei 180–200° backen lassen, den Küchenwecker auf 60 Min. stellen, und ich kann meine Beine hochlegen.

Was gibt's dazu? Frikadellen? Roastbeef? Auf jeden Fall etwas, das schon fertig ist und das ich nur auf meinen schönen Anrichteteller legen muss.

Bleibt etwas übrig, kann ich es am nächsten Tag in einer kleinen Pfanne aufwärmen. Es passt zu allen Gemüsegerichten.

Das Rezept schenkte mir eine Freundin, die nach

Schweden zu ihrer Tochter gezogen war. »Weil ich bei dir so oft so ein gutes Abendessen bekommen habe, schenke ich dir mein bestes schwedisches Gästeessen. Mach es nach und denke an mich!«

Ein letzter Kartoffel-Spaß, kein Mitglied der Kartoffel-Kette, aber ein klasse Gericht für eine Person, die nicht mehr essen möchte als einen

Kartoffelpuffer

1 große rohe Kartoffel schälen und vierteln oder sechsteln, 1 Zwiebel pellen und halbieren, beides in den Zerhacker füllen und nach Lust und Laune mit Salz, Pfefferkörnern und 1 Knoblauchzehe würzen. Deckel drauf, mixen, das Ergebnis in eine Schüssel füllen und mit 1 EL Mehl verrühren. Im heißen Fett einen großen oder zwei kleine Puffer backen. Dazu: Apfelmus.

Für die Nudel-Kette fällt mir und anderen wahrscheinlich das meiste ein, weil die Pastagerichte unterdessen zur Alltagsküche gehören und jeder Besuch »beim Italiener« neue Ideen liefert. Deshalb hier nur zwei Vorschläge.

Sahnenudeln

1 Becher Sahne in eine große Pfanne gießen, mit 1 Prise Salz und 1 EL Currypuder verquirlen, aufkochen lassen, und wenn die Hälfte verkocht ist, eine Portion gekochter Nudeln dazugeben und umrühren. Fertig.

Das nächste Rezept gehört zu meinen Lieblingsspeisen, und es wird wie fast alle Klassiker einer Landschaftsküche in jeder Familie ein wenig anders zubereitet, und jede Köchin wird schwören, dass dieses und kein anderes das einzig wahre Rezept sei. *Schinkenfleckerl* werden eigentlich in einer tiefen Bratraine und mindestens für 4–6 Personen zubereitet, aber meine kleine Schinkenfleckerl-Portion gelingt auch und ohne Problem, wenn ich die Sache sanft und geduldig und höchstens auf Mittelhitze angehe.

Schinkenfleckerl

Ich brauche etwa 100 g gekochte Bandnudeln, zerlasse Fett in einer Pfanne und dünste 1 gewürfelte Zwiebel darin an. Salz, Pfeffer, Thymian und Oregano, Paprika edelsüß und 1 Prise Zucker dazugeben, alles vermengen und auf schwacher Hitze warm werden lassen. Unterdessen wird 100 g gekochter Schinken in Würfel geschnitten und daraufgestreut. 1 Becher Sahne mit 2 Eiern und 1 Prise Salz verquirlen und auf Nudeln und Schinken gießen. Die Schinkenfleckerln mit Semmelbröseln bestreuen, reichlich Butterflöckchen darauf verteilen und das alles 40 Min. im mittelheißen Ofen überbacken. Auf jeden Fall die Garprobe mit Spicknadel oder Hölzchen machen und die Schinkenfleckerln eventuell noch 5 Min. länger im Ofen lassen, bis die Eiermilch ganz und gar gestockt ist. Dazu gibt's natürlich Salat.

Ist die Portion zu groß? Dann laden Sie die besten Freundinnen ein!

Ketten-Kochen kann man natürlich auch mit *Hackfleisch* jeglicher Art zelebrieren: Beefsteakhack, gemischtes Hack, Schweinemett, alles, was mein Schlachter mir durch seinen Wolf dreht: Lammfleisch, gekochter Schinken, gekochtes Siedfleisch. Ich mische gern Beefsteakhack und Schweinemett mit fein gewiegter Petersilie und Lauch und Knoblauchzehen. Im Mörser zerstampfe ich 6 Pfefferkörner, 3 Koriandersamen, grobes Salz und reibe noch etwas Muskatnuss dazu. Daraus werden kleine Frikadellen geformt und auf beiden Seiten bei schwacher Hitze gebraten.

Und nun treffen sich die beiden Ketten: Ich friere die Frikadellchen portionsweise ein, und was schmeckt besser als *Tomatennudeln* mit diesen kleinen Happen?

Zu den 2–3 geschmorten Tomaten kommen erst einmal die tiefgekühlten Frikadellchen und tauen darin auf. Dann folgt die Portion Spaghetti oder Bandnudeln, und ich kann mich zufrieden an den Tisch setzen und habe eine gute Mahlzeit.

Der Hamburger Großvater
und sein Porridge

Die Familie meines Hamburger Großvaters besaß ein Gut in Mecklenburg, in dessen Schlossküche wie für eine kleine Stadt gekocht und gebacken wurde, vor allem während der verschiedenen Jagdzeiten mit Gästen aus der Familie oder aus dem Schwedt'schen Kavallerie-Regiment meines Großvaters.

Von dieser ganzen Pracht und Herrlichkeit sind sechs Tee- oder Kaffeetassen samt Untertasse und Teller übrig geblieben, Geschenke einer Nachbarin. Sie ließ sich von der KPM, der Königlichen Porzellan-Manufaktur Berlin, weißes Geschirr mit dünner Goldranke am Rand und Griff schicken, bemalte es mit passenden Bildern, ließ die Stücke noch einmal in Berlin brennen und verschenkte das Geschirr zu Weihnachten und zu Geburtstagen. So hatten sich bei den Großeltern ein Set mit tanzenden Rokokodamen und -herren angesammelt, ein anderes mit den typischen Dresdner Blumen, ein drittes mit Jagdwild, Reh und Hase, dann eines mit Pferden und eines mit Jagdhunden und den französischen Bulldoggen sowie als Letztes eines mit Katzen.

Nach dem Tod meines Großvaters teilte meine Großmutter diese Teller und Tassen zwischen meinem Onkel und mir auf. Ich bekam die Blumen, die Tanzenden und die Katzen. Das freute mich, aber wenn wir Freunde zum Nachmittagstee einluden, waren wir meist mehr als vier Personen. Die gemalte Schönheit reichte nicht aus. Also verstaute ich die Sachen unten im Glas- und Geschirrschrank, ein rundes Stoffdeckchen zwischen den Tellern, damit nichts verkratzte.

Jetzt habe ich die Tassen und Teller wieder hervorgekramt. Erstens lade ich genau wie meine Vorfahren Gäste eher zum Tee als zum Abendessen ein. Zweitens sind das nun wiederum nicht mehr als ein oder zwei Personen. Und drittens sage ich mir beim Anblick dieser lieblichen Gegenstände: Warum sollen sie Jahr für Jahr im Dunkeln bleiben? Von allen vergessen?

Jedes Mal, wenn ich sie nun mit mildem Seifenwasser spüle (die Spülmaschine wäre ein Mordinstrument) und mit den weichsten Tüchern zärtlich trocken tupfe, denke ich an meinen Großvater und freue mich, dass er mir etwas so Schönes hinterlassen hat. Aber vor allem: Wenn ich diese Dinge auf den Tisch stelle, ist es etwas Vertrautes, und ich weiß, wohin ich gehöre. Und ich denke auch an das Frühstück, das so fest mit dem Erinnerungsbild meines Großvaters verbunden ist.

Wenn er und sein Bruder, beide Schüler der Plöner Kadettenanstalt, in den Ferien nach Hamburg kamen, aßen sie morgens um sechs Uhr Frühstück mit den Männern, ehe für diese die Arbeit zwischen Fleet und den im Strom ankernden Segelschiffen begann. Die Säcke und Tonnen und Kisten dort auszuladen, in Schuten umzuladen und in die Lagerräume im Haus am Fleet zu hieven war Knochenarbeit. Deshalb aßen die Männer eine ordentliche Portion Buchweizen- oder Hafergrütze, und die Kadetten bekamen ihren Teil ab. Danach halfen sie des Vaters Leuten.
Dieses Frühstück bekam mein Großvater sein Leben lang serviert, auch wenn er nicht mehr um sechs Uhr in die Schuten springen und zur Elbe hinausrudern oder in Mecklenburg zu Pferd in die Felder hinausreiten musste. Er saß allein am Esstisch, vor sich einen Teller aus der Serie mit den Vögeln und Blättern. Aus diesem Blau erhob sich

der Brei wie ein Berg, und mein Großvater zer-
schlug ihn mit dem Löffel – hack, hack, hack – und
goss Milch in die Täler. Ich lief im Nachthemd ins
Esszimmer, und er zog einen Nachbarstuhl dicht
an den seinen und rückte vor dem Teller beiseite,
damit wir beide daraus essen konnten.

Mein Frühstückspartner

Der Morgenbrei hat auch mein Leben begleitet. Ich mag den süßen Hafer lieber als den
strengen Buchweizen. So habe ich meinen Söhnen
Porridge gekocht und brauchte ihnen kein
Butterbrot in die Schule mitzugeben, weil das
Porridge einen Menschen bis zum Mittagessen satt
macht. So koche ich ihn mir selber, und er ist mein
treuester Freund, Frühstückspartner, Mittagsgast,
Krankenbegleiter.

Ich habe so oft *Porridge* gekocht, dass ich weiß,
wie viel Haferflocken ich in den Topf rieseln lassen
muss, und ich schwenke sie in etwas Wasser und
lasse sie quellen, während ich mich wasche und an-
ziehe. Dann lasse ich das Porridge mit Milch einmal aufkochen, schalte die Hitze runter oder ganz
und gar ab und rühre, rühre, rühre, während ich
überlege, wie der Tag sein soll.

Manchmal koche ich einen Löffel Hirse mit den
Haferflocken oder rühre einen Löffel Weizenkei-
me in den fertigen Haferbrei oder röste grobe Haferflocken mit einem Löffel Zucker in der Pfanne,
bis der Zucker schmilzt und golden wird, und gebe

ein wenig Milch dazu, dass es zischt. Damit kröne ich meinen braven blonden Brei.

Im Winter wärmt er, duftet so milde und vertreibt die klamme Kälte der Nacht. Ich esse ihn am Esstisch, bestreue ihn mit einem Löffel Zimtzucker und beträufle ihn mit etwas Sahne. Im Frühling und im Herbst sitzen wir auf dem Balkon, das Porridge und ich. Ich wache meist früh auf, der Balkon liegt noch im Schatten der Rotbuche, aber das erste Sonnenlicht blitzt und funkelt durchs Laub. Es ist noch still, keine Handwerker, keine Maschinen. Ich esse gemächlich. Manchmal kommt die Amsel mit der weißen Feder im Flügel, mein Balkon ist ihr Balkon, aber sie duldet mich, und wenn ich ihr ein oder zwei Haferflocken auf die Fliesen lege, hackt sie darauf rum, wie mein Großvater im Buchweizen gehackt hat.

Die Amsel und ich. War ich traurig im Traum, lindern das Porridge und das kühle Rauschen der Buchenblätter den Schmerz.

Damals, als mein Mann sein Bett nicht mehr verlassen konnte und so wenig aß, versuchte ich, selbst aus seiner Miniportion Porridge einen Kraftbissen zu machen. Ich stellte lauter Schälchen auf sein Tablett, damit er sich seinen Brei nach Belieben würzen, bereichern oder süßen konnte: Zimt und Zucker, geröstete Sesamkörner, eine Schüssel mit Hefeflocken, Ahornsirup, Honig, eingemachte Preiselbeeren, Sahne oder ein Stück salzige Butter – jedes eine Erinnerung an eine Mahlzeit, eine Reise, ein Erlebnis von einst, und während er aß, erzählte ich ihm, wie es damals war.

Der Pressure Cooker

Mein Mann liebte auch das *Mittagsobst*. Einfacher kann es gar nicht sein und köstlicher auch nicht: ein aufgehäufter Teller mit Früchten, kaum gezuckert, vielleicht zwei oder drei trockene Kekse dazu.

Diese Fruchtmischungen liebte auch meine Schwiegermutter. Sie stammte aus einer großen Familie, deren Reichtum ihr und ihren beiden Schwestern vor dem Ersten Weltkrieg eine für die damalige Zeit unübliche Freiheit verlieh. Der Vater, ein berühmter Gynäkologe, erlaubte den Töchtern jedoch nicht zu studieren. Damit nähmen sie den jungen Frauen, die davon leben müssten, die Studienplätze und die Arbeitsstellen weg. So spielte meine Schwiegermutter Golf und wurde mehrmals deutsche Meisterin. So wünschte sie sich eine Ausbildung, als Fotografin, machte Fotos von künstlerischer Qualität, die aber nur in den mächtigen Kommoden der Familie verschwanden. So fischte sie Forellen, ohne je eins der Tiere zuzubereiten. Und so bekam sie zur Verlobung so viel Geld, dass die Familie von den Zinsen hätte leben können.

Doch das Geld zerschmolz in der Inflation. Ihr Mann, ein Arzt, starb früh und konnte sie, die Jüdin, nicht mehr schützen. Der älteste Sohn hatte in Oxford studiert und war Engländer geworden, aber da waren die noch mehr gefährdete Mutter und der jüngere Sohn. Sie blieb. Sie überlebte, und kaum war der Krieg zu Ende, holte ihr Sohn sie nach London, und sie bestand darauf, ihm den Haushalt zu führen. Sie hatte noch nie gekocht, aber es gab rechtzeitig aus Deutschland geflohene Cousinen, die ihr mit Rat und Tat zur Seite standen, und außerdem eine fast noch größere Lebensmittelknappheit, sodass sie sich im Einfachen üben konnte. Doch kaum hatte sie sich in London eingerichtet, wurde der Sohn nach Kanada versetzt, und sie zog mit seinen zwei Teetassen, einem Kessel und dem Topf fürs Eierkochen mit ihm nach Montreal.

Dort gab es keine Cousinen, also kaufte sie sich *The Joy of Cooking*, das dortige Standardwerk, und dazu das *Penguin Cookery Book*, ein Taschenbuch speziell für Anfänger mit Grundrezepten, die durch Anleitungen und Kombinationen zeigten, dass man das gesamte Kochen als eine Art intelligente Denkaufgabe und als eine Kette von chemischen Experimenten betrachten kann. So kam sie, als ihr Sohn

1947 Mitglied des Wirtschaftsrats der Bizone wurde, nach Frankfurt, zog, inzwischen war ihr Sohn bei der OECD, mit nach Paris um und kehrte schließlich mit den beiden Kochbüchern und einem Pressure Cooker nach Hamburg zurück, eine wahrhaft kleine, aber eine kluge alte Frau.

Sie zog in eine Dachwohnung mit einem Küchenwinkel, in dem man sich kaum umdrehen konnte, aber als mein späterer Mann mich kennenlernte und seine Mutter uns jeden Samstag zum Essen einlud, verfolgte ich mit Staunen, dass diese kleine alte Frau so modern wie kaum eine andere hiesige Hausfrau kochte. Sie hatte einfach die Kartoffel-, Fleisch- und Saucenküche übersprungen, hatte gleich gelernt, nicht nach Tradition, sondern mit Vernunft zu kochen. Und weil in ihrer Mansardenküche mit Naturbelüftung durch die Dachsparren kein Abstellplatz vorhanden war, spülte sie alles Arbeitsgerät, sowie sie es benutzt hatte, und belud einen kleinen schmalen Servier- oder Teewagen mit den KPM-Deckelschüsseln, die sie auf teelichtbetriebene dänische Stövchen setzte.

Mich beeindruckte diese Arbeit mit dem Pressure Cooker so sehr, dass ich mir zur Hochzeit einen solchen Dampf- oder Druckkochtopf von meinen Kollegen in der Redaktion wünschte. Ich glaube, er musste noch aus England importiert werden, und er wurde besonders durch seine Freundlichkeit allen Gemüsen gegenüber zum Star der Kinderküche.

Und weil ich nicht am Heiligen Abend mit hochroten Wangen und fliegender Schürze zwischen Gänsebraten, Klößen, Sauce usw. hin und her sausen wollte, verhalf mir der Pressure Cooker zu einem köstlichen Weihnachtsdiner, das die ganze Familie in Seelenruhe genießen konnte. Es war alles fix und fertig vorbereitet: zweimal Fleisch mit zweimal Salaten und zweimal Saucen.

Heute steht er in der Speisekammer, mit einem karierten Küchentuch liebevoll zugedeckt, mein alter Geselle. Er hat so viele Jahre gezischelt und gedampft, hat Weihnachten immer wieder seine große Stunde gehabt, hat sicher immer wieder die Weihnachtsgäste fragen hören: »Also – dieser Selleriesalat! Köstlich! Wie hast du das nur gemacht?« Nicht ich, er hatte ihn gemacht, und deshalb hat er sich nun sein Altersruhedasein verdient.

Er steht neben seinem noch älteren Kumpan,

dem schwarzen Eisentopf, Ahnherr der Creuset-Familie. Manchmal reibe ich ihn mit einer Speckschwarte aus. Er ist ein großes Ungetüm, aber ich brauche ihn. In ihm garen die mit Reis und Hack gefüllten Paprikaschoten, die ich für meine Gäste koche. Oder die Ratatouille, die am besten schmeckt, wenn die Gemüsefrüchte wirklich richtig ausgereift sind. Oder die Rouladen, die ich gern in Portionen einfriere.

Koche froh mit rororo

Als ich etwas über dreißig war, geheiratet und das erste Kind bekommen hatte, fragte mich der Verleger Heinrich Maria Ledig-Rowohlt, ob ich ihm für seinen Taschenbuchverlag erzählende Kochbücher schreiben könne.

Das war eine reizvolle Idee. Noch gab es keine Esszeitschriften, keinen Farbdruck, nur eine Illustrierte für Damen in Gold und Braun. Rezepte fand die Leserin neben dem Kreuzworträtsel, und ein alter Kollege schrieb über den Genuss des Weins als »wonnige Schlürflust«.

Natürlich sagte ich zu. Ledig nannte die Reihe *Koche froh mit rororo* und wünschte sich als ersten Titel ein Taschenbuch über das Abnehmen, das brauche er, also ein Kochbuch für den dicken Mann. »Nein«, sagte ich, »das geht nicht. Erstens kochen Männer nicht für sich selber, erst recht nicht so was. Und zweitens klingt das irgendwie unhöflich. Lieblos.«

»Also?«

»Also: *Das Kochbuch für die Frau vom dicken Mann.*«

Dabei blieb es, und mit diesem Titel, über den die meisten lachen mussten, hatte das Buch Erfolg.

Es folgten weitere: *Feste ohne Minna*, *Wer will guten Kuchen backen*, *Das Kochbuch für die Frau, die sparen will*, *Kochbuch für geplagte Mütter*. Mein letzter Titel hieß: *Das Kochbuch für Leute, die länger leben wollen*.

Mit der Zeit waren die Illustrationen in Zeitschriften farbig geworden, Kochbuchverlage entstanden und hielten sich an das Vorbild der Werbung: zu jedem Rezept ein Foto. Ein neuer Markt, und Ledig erkannte, dass er einen zweiten, einen Kochbuchverlag gründen müsste, um der Konkurrenz standhalten zu können. Das wollte er nicht, und ich hatte über alle Themen geforscht und geschrieben, die ich beherrschte. So war das Taschenbuch über das Essen im Alter das letzte der Reihe *Koche froh mit rororo*.

Das ist über ein halbes Jahrhundert her. Ich hätte damals nicht im Traum daran gedacht, dass auch ich alt werden würde, und als ich mein Buch jetzt wieder aufschlug, musste ich lachen. Mein junges Ich behandelte mich wie ein altes Kind.

Meinem jungen Ich ging es damals, Anfang der

sechziger Jahre, darum, eine klinisch getestete Alterskost zu entwerfen. Im Mittelpunkt das Thema Übergewicht. Ich hielt es für notwendig, älteren Menschen den Verzicht auf das schmackhaft zu machen, was sie ein Leben lang gern gegessen hatten: der Kalorien wegen.

Wenn ich rückblickend meinen eigenen Weg von diesen theoretischen Entwürfen bis heute verfolge, so sehe ich, dass eine Kindheit mit Kraut und Rüben, mit Hunger und Lebensmittelkarten, mit Schwarzmarkt und Care-Paketen mich so konditioniert hat, dass mir Kraut und Rüben, Wurzeln und Kartoffeln, Hühnersuppe mit Reis, Pfannkuchen und Bratäpfel immer geschmeckt haben und dass ihr unverfälschter Naturgeschmack mein Maßstab geworden ist.

Und wenn das Alter auch an andere Bedingungen gebunden ist, als mein junges Ich ahnen konnte, so sind ihm doch besonders in der Gemüseküche Rezepte eingefallen, die mich mein Leben lang begleitet haben und mir nun als beste Alterskost dienen.

Als Beispiel drei Gerichte mit Mohrrüben, Wurzeln oder gelben Rüben, die heute fälschlicherweise als Karotten bezeichnet werden. Karotten sind die kleinen, kugeligen aus der Möhrenfamilie, die früher zum Leipziger Allerlei gehörten. Die schlanken, zarten oder kräftigen Mohrrüben aber sind der Ahnungslosigkeit früherer Übersetzer zum Opfer gefallen. In der englischen Sprache gibt es offenbar nur das Wort *carrot*, und so sind aus den Mohrrüben Karotten geworden.

Mohrrüben mit Äpfeln

Da werden ungefähr 250 g junge Möhrchen geputzt, gewürfelt oder in feine Stifte geschnitten, in etwas Butter, Salz, Zucker und Pfeffer angedünstet, mit 1 Tasse kräftiger Fleischbrühe begossen und 10 Min. auf kleiner Hitze gedünstet. Unterdessen habe ich 2 Äpfel geschält und in Stücke geschnitten und gebe sie zu den Mohrrüben. Mit 1 Prise Thymian abermals 10–15 Min. weiter dünsten und mit Petersilie oder kross gerösteten Zwiebelringen anrichten.

Möhren in Honig

Man verrührt in einer Pfanne 1 EL Butterschmalz mit 2 EL Honig und 1 EL frischer Minze (oder ½ TL getrockneter), lässt diese Mischung auf schwacher Hitze schmelzen und schüttet dann – einen Rest? – gehobelte, gekochte Mohrrüben dazu. Dann drehe und wende man alles, bis die Mohrrüben heiß und glasiert sind.

Möhren in Milch

Die geputzten Mohrrüben, zwischen 200 und 250 g, werden in feine Streifen geschnitten, in etwas Fett angedünstet und mit Pfeffer, Salz und 1 Prise Zucker gewürzt. Dann füllt man sie mit 1 Tasse Milch auf und kocht sie vorsichtig und unter mehrmaligem Umrühren in 30 Min. gar. Zum Schluss püriert man sie mit 1–2 EL Crème fraîche und einer üppigen Portion fein gewiegtem Dill.

Manchmal brauche ich gar kein Gewürz für das Gemüse. Wenn ich eine Portion breite Stangenbohnen quer in Scheibchen schnippele, erfüllt ihr Duft schon allein die ganze Küche. Sie werden langsam und liebevoll gekocht, abgegossen und in Butter geschwenkt. Oder wenn ich das Glück habe, Mangold oder Römisch Kohl auf dem Markt zu erwischen, so ist das samtige Aroma von Weiß und Grün, von Stängeln und Kraut, genug fürs Mittagessen.

Das israelische Frühstück

Mein junges Ich hat in jenem rororo-Taschenbuch über Essen im Alter trotz der Liebe zu Obst und Gemüse nicht gewusst, dass das Hauptproblem der »Alterskost« nicht das Zuviel an Fett und Zucker ist, sondern im Gegenteil der Mangel an all den lebenswichtigen Dingen, aus denen unser tägliches Essen besteht.

Im Alter isst man weniger, isst man kleinere Portionen, zu wenig Grobes, das den Darm so segensreich in Bewegung hält, bekommt man mit den kleinen Portionen zu wenig Vitamine, Mineralstoffe. Schließlich haben wir Mahlzeiten gekürzt oder gestrichen, essen keinen Teller Suppe vorm Hauptgericht und trinken nachmittags nur Tee, wenn wir jemanden eingeladen haben, und trinken auf diese Weise insgesamt zu wenig.

Wozu das führt, habe ich bei meinem Schwager miterlebt. Dieser fuhr eines Morgens mit seiner Frau von Partenkirchen nach München, weil er seinen verlängerten Pass im Kanadischen Generalkonsulat abholen wollte, parkte ein paar Häuser vom Konsulat entfernt und sagte zu seiner Frau, er sei in ein paar Minuten wieder da.

Sie wartete geduldig die erste halbe Stunde, schon etwas nervös die nächste Viertelstunde, stieg aus dem Auto und fragte im Konsulat nach ihm.

Der Herr sei schon lange wieder gegangen, hieß es dort.

»Und hat nichts gesagt? Vielleicht eine Nachricht für mich hinterlassen?« Bedauerndes Achselzucken.

So begann die Suche. Wo konnte er sein? Mit wem war er vielleicht verabredet? Den ganzen Tag lang ein Telefongespräch nach dem anderen. Am Abend der Anruf seiner früheren Sekretärin, die nichts von dieser unterdessen verzweifelten Suche wusste. Sie habe ihn im Hauptbahnhof getroffen, zerzaust, verwirrt, sei mit ihm ins Bahnhofsrestaurant gegangen, um ihn eine Tasse Tee trinken zu lassen. Aber ehe der Tee kam, sei er umgekippt, wie ein Schrank, und nun liege er im Spital am Tropf.

Seitdem weiß ich, zu wenig Flüssigkeit und zu wenig Vitamine sind unser Problem.

Ich erinnere mich an meinen ersten Aufenthalt mit meinem Mann in einem Kibbuz nördlich von Tel Aviv. Dort gab es das *israelische Frühstück*.

Es war als Buffet angerichtet. Große Schüsseln mit Quark, Hüttenkäse und gewürfeltem Schafskäse, davor kleinere Schüsseln mit salzig eingelegten Fischen, ganz oder bereits in mundfertige Stücke geschnitten, außerdem Schüsseln mit klein gewürfeltem Gemüse, eine Mischung aus Tomaten und Paprikaschoten, manchmal mit Kräutern bestreut, manchmal durch Gurkenwürfel ergänzt. Außerdem Schüsseln mit geraspelten Mohrrüben und in Scheibchen geschnittenen Radieschen. Das mischte man sich, wie man es mag, und aß es mit hart gekochten Eiern und Brot. Alles, im Gegensatz zu unserem nordeuropäischen trockenen Brot-und-Butter-Frühstück, reich an Flüssigkeiten.

Mein Mann, der fast vorsätzlich das so gesunde Wasser im Glas stehen ließ, liebte dieses knackig saftige Angebot. Aber zurück in Hamburg, kehrte er ohne Umschweife zu Toast und Orangenmarmelade zurück. Immerhin: Er akzeptierte Tee als Flüssigkeit, Tee zum Frühstück, Tee zum Apfelkuchen am Nachmittag.

»First taste of paradise«

In seinen letzten Lebenswochen war meinem Mann selbst dieser geliebte Kuchen zu anstrengend. Ich arbeitete gerade an den Fotos für mein Astrid-Lindgren-Kochbuch und gab ihm eine kleine Portion ihres Apfelkuchens, der nur Kuchen heißt, in Wirklichkeit etwas Weiches, Fruchtiges ist, so süß wie die Äpfel, die ich ausgesucht hatte. Das zerschmilzt fast im Munde, und es war ihm auch wie ein Gruß von der Frau, die er so verehrte.

Astrids Apfelkuchen

In einer großen Pfanne lässt man 350 g Semmelbrösel, 150 g Butter, 100 g Zucker und 1 Prise Salz unter ständigem Rühren blond werden, würzt mit 1 Prise Zimt und nimmt die Pfanne sofort vom Herd, weil der Pfannenboden nachheizt, sodass die Mischung zu dunkel werden könnte. Die Hälfte der Zuckerbrösel in die gut gefettete Kuchenform füllen, glatt streichen, mit einer Lage sehr festem Apfelmus bedecken und auf der die restlichen Butterbröselmischung verteilen. In den auf 200° vorgeheizten Ofen schieben und etwa 20 Min. backen. Dazu am besten Vanillesauce.

Es kam die Zeit, in der mein Mann nicht mehr kauen und schlucken konnte. Dem jüngsten Sohn, der den Vater in diesen letzten Tagen pflegte, hatte die Ärztin gezeigt, wie er es mit der Flüssigkeit machen musste, und er flößte dem Vater geduldig mit dem Teelöffel Tafelwasser ein. Doch nach einem Tag öffnete er eine der Flaschen von Vaters Lieblingsbordeaux und befeuchtete ihm damit die Lippen.

Der Vater lächelte und schluckte wie immer, und der Sohn sagte: »*First taste of paradise.*«

Dann der Tod, der Schmerz, auch wenn ich wusste, was geschieht. Der Schmerz, ihn nicht mehr lächeln zu sehen, die Hand nicht mehr auf seine zu legen. Der Schmerz und der Trost, dass die Söhne neben mir standen, als der Vater in diesen tiefsten Schlaf versank.

Es war Frühling, kurz nach Sonnenaufgang, und auf dem Balkon standen die Veilchen in voller Blüte. Die Ärztin kam, und wir saßen um ihn herum, aber nicht lang, da war ich allein. Schlief zum ersten Mal allein in einer leeren Wohnung, deckte mir zum ersten Mal den Frühstückstisch allein. Betrachtete das Tablett mit den fünf oder sechs Marmeladendosen mit all den verschiedenen englischen Steingutmustern. In jeder eine andere Sorte: Marille, Apfelgelee, Himbeere, Erdbeere, Quittengelee und seine Orangenmarmelade, immer in der blau-weißen Dose, das Muster heißt *Weeping Willow*, Trauerweide.

Das brauche ich nicht mehr, dachte ich, und außerdem: Bis ich das alles verbraucht habe, ist es entweder vertrocknet oder verschimmelt.

Das war vor über zehn Jahren. Seitdem wird die Schar der Witwen größer. Manche sagen: »Ach, komm doch vorbei! Ich kann noch nicht alleine essen!« Und ich bekomme dann die letzten Ölsardinen aus dem Vorratsschrank als Vorspeise und Kartoffelsalat und etwas zu scharf gebratene Frikadellen vom Fleischer als Hauptgericht.

Nicht wenige klagen sogar: »Ich kann nicht mehr kochen. Ich schmecke nichts mehr!«

Das ist eine seltsame Begleiterscheinung der Trauer, und ich kann dazu nur sagen: Geduld, Geduld, liebes Herz! Koch dir das, an dessen Geschmack du dich am liebsten erinnerst – und vergiss nicht zu trinken!

Der Hundertjährige,
der Arroz à la Cubana kocht

Im vergangenen Jahr waren es mehr Männer, die allein zurückblieben. Die meisten traf es unvorbereitet. Erst als ihnen eines Morgens der Magen knurrte und keiner aus der Küche rief: »Frühstück ist fertig!«, merkten sie, dass sich etwas geändert hatte.

Einer gehörte zu denen, die ihr Leben wie eine Rechenaufgabe gelöst und festgelegt hatten. Alles gehörte an seinen Platz und seine Zeit, und da er spürte, dass er diese bisher unerschütterliche Welt neu ordnen musste, verließ er das Haus und marschierte, um in Ruhe nachdenken zu können, quer durch die Stadt, bis er vor Erschöpfung nicht mehr weiterkam. Doch genau an dieser Stelle stand ein Gasthaus, das Tor freundlich weit offen, und das ist bis heute sein Mittagsort. Er isst, was es dort gibt, kauft sich auf dem Heimweg die Semmeln und anderes zum Frühstück und isst abends nichts als ein Butterbrot oder das, was ihm mitfühlende Nachbarn, Exkollegen, Cousinen oder Freunde mitbringen, wenn sie ihn besuchen.

Ein anderer Freund wohnt neben einem dieser großen internationalen Hotels und benutzt es zu allem, außer zum Schlafen. Er geht in der Früh zum Schwimmen ins Hotelbad, frühstückt dort auch gleich, setzt sich in die Halle und liest alle Tageszeitungen, die dort ausliegen, kommt vielleicht zum Mittagessen wieder und lässt sich das Abendbrot in einer Tüte mitgeben. Er hat freilich genug Geld, selbst um seine Kinder und Enkel mindestens einmal im Jahr in Neuseeland zu besuchen.

Mein Stiefonkel, der im kommenden Jahr hundert wird, hat eher wenig Geld und war deshalb – noch mit seiner Familie – an einen Ort im früheren Zonenrandgebiet gezogen, wo die Steuern niedriger waren als in der übrigen BRD.

Nun hat er alle Familienangehörigen überlebt. Nun gibt es keine Zone mehr, und die von ihr profitiert hatten, sind längst weggezogen. Er wohnt allein in einem Haus mit einstmals vier Familien. Es gibt keinen Lebensmittelladen mehr, keinen Milchmann, keinen Schlachter, keine Post, keinen Arzt, keine Wäscherei und Reinigung, nichts außer dem Lieferwagen mit der Tiefkühlware.

Seine Wohnung sieht ebenso aus wie die Wohnung seiner Eltern, meiner Großeltern in Göttingen.

Dieselben Möbel, dieselben Familienporträts von Hamburger Senatoren, Konsuln und Frauen in Samt und Seide. Er wischt und saugt und entstaubt und wäscht und bügelt. Er deckt sich den Tisch mit dem alten Damasttuch, mit dem Silberbesteck und dem Suppenteller und mit der Serviette, die, säuberlich aufgerollt, in einem silbernen Serviettenring steckt. Er putzt das Silber, und er kocht.

Er hat sich in das dicke schwarze Kochbuch meiner Großmutter vertieft und sich alles beigebracht. Wir telefonieren einmal in der Woche, damit wir uns vergewissern, dass wir noch gesund und am Leben sind, und wenn er anfangs mit einem Rezept nicht zurechtkam, versuchte ich, es zu erklären.

Unterdessen verfährt er, der immer besser war in Mathematik und Chemie als ich, mit deren logischen Regeln so souverän, dass er mich nicht mehr fragen muss, wenn er das Rezept für vier Personen auf seine einsame kleine Menge hinabrechnet. An den Festtagen aber kocht er wie einst daheim. Er brät Weihnachten die Gans und hat sie gefüllt, so wie es meine Großmutter tat, und an ihrem Geburtstag im August backt er den Zwetschgenkuchen, so wie sie es machte.

Eine Nachbarin kauft gelegentlich für ihn ein, aber

das ist oft nicht das Richtige, und dann schicke ich ein Care-Paket: Darjeeling-Tee, Honigkuchen fürs Frühstück, Lorbeerblätter, das beste Lübecker Marzipan, französische Pâté, Romane, am liebsten historische.

Auch in diesem Fall bin ich es, die immer zu Beginn des Gesprächs fragt: »Hast du auch genug getrunken?«

Die Rekonstruktion der Mahlzeiten unserer Kindheit beschäftigt ihn mehr als damals seine Mutter, weil es manches nicht mehr gibt. Wie soll er das ersetzen? Anderes ist schwer zu beschaffen, weil seine Einkaufsquellen beschränkt sind. Aber gerade diese Probleme machen ihn munter, und er lacht, wenn er erzählt, was er wieder »geschossen« hat, wie er es nennt.

Manchmal sagt er: »Ich lebe nur noch für dieses verdammte Essen. Ich habe eigentlich keine Lust mehr. Was meinst du – sollte ich einfach damit aufhören?« Und meine stereotype Antwort lautet, dass mir dann niemand mehr sagen könne, wie meine Mutter gewesen sei, ehe sie meinen Vater heiratete. Die so früh gestorben ist. Er war damals sieben Jahre alt und hatte Blumen gestreut bei der Hochzeit, und es gab Hamburger Stubenküken beim

Hochzeitsessen, ein ganzes für jeden, aber das hat er nie nachgebraten. Nicht weil die Bauern in seiner Gegend keine Stubenküken züchteten und er nicht wüsste, wie er sonst zu diesem Geflügelchen käme. Nein, sie war seine geliebte große Schwester, und sie war so glücklich gewesen.

Er hatte die ersten Jahre seines Kinderlebens neben ihr am Esstisch gesessen und kannte ihr Lieblingsgericht, für sie wahrscheinlich eine Erinnerung an Manila, wo sie geboren und aufgewachsen war:

Arroz à la Cubana

Ob dieses Reisgericht wirklich aus Kuba stammte, ist ebenso ungewiss wie die Art und Weise, in der es meine Großmutter kochte: ein wunderbarer glänzender und currygoldener Reisberg, umkränzt von gedünsteten Tomatenhälften und bedeckt von kleinen Hackbällchen und gebratenen Bananen.

Kein Problem, so etwas als Einzelportion auf einen Teller zu häufen. Wie gut, wenn man Obst in der Schale und Hackbällchen im Tiefkühlfach in Vorrat hat. Ich mag nicht so gern Bananen und Tomaten in einem Gericht. Also koche ich den Arroz einmal mit dem einen, dann mit dem anderen.

Salat aus der Pfanne

D as ist auch eine Freiheit, die man sich im Alter nimmt. Ich verlasse das klassische Rezept, wenn es mir zu üppig und zu umständlich ist, und konzentriere mich auf den Teil, den ich kochen kann. Aber oft sagt mir mein Instinkt, was ich lassen soll, weil und wenn es mir nicht mehr wie früher schmeckt. Ich könnte zum Beispiel nicht sagen, ob ich ihn nicht mehr mag oder nicht mehr vertrage. Ich merke nur, dass ich zur Pfanne greife, wenn ich mir einen Salat mischen will. Dazu verwende ich nicht mehr ausschließlich rohe Zutaten, sondern manches wird ganz zart und auf nicht zu starker Hitze gedünstet. Wie mein Gericht heißt?

Salat aus der Pfanne
Wenn ich noch ein kleines Stück Aubergine in der Gemüselade habe, beginnt die Arbeit mit ihr. Sie braucht immer in der Gesellschaft der anderen Mittelmeergemüse die längste Garzeit. Also schneide ich sie in dünne Scheiben und dünste sie in Olivenöl von beiden Seiten, bis sie glasig sind. Unterdessen werden 1 Zwiebel und 1 Knoblauchzehe enthäutet und in dünne

Scheiben geschnitten und die Salatschale mit Kresse oder vielleicht ein paar Rapunzelblättern oder ein paar restlichen Salatblättern ausgepolstert. Auf dieses Bett löffle ich die Auberginen, versehe sie mit 1 Prise Salz und Pfeffer und ein paar Tropfen Zitronensaft. 1 TL Öl in die Pfanne, Zwiebeln und Knoblauch hinein, und während sie golden dünsten, hoble ich ein Stück Zucchino klein. Die Zwiebeln ruhen dann mit Pfeffer, Salz, 1 Prise Zucker und Oregano auf den Auberginen. Der fertige Zucchino wird mit nur leicht angedünsteten, mit Zitronensaft beträufelten Tomatenscheiben gemischt und mit dunkelgrünem Kürbiskernöl beträufelt.

Die Hälfte esse ich gleich, mit einem Stück Brot mit Butter. Die andere Hälfte wartet im Kühlen, dass ich sie morgen zu ein paar Scheiben Büffelmozzarella oder zwei oder drei frischen Pellkartoffeln esse.

Dieser Salat begleitet mich den ganzen Sommer bis in den Herbst hinein. Es gibt immer wieder neue Zutaten, so wie das Jahr sie bringt, und deshalb schmeckt der Salat immer etwas anders. Die Pilze im Herbst oder die braunen Champignons geben ihm einen völlig neuen Charakter, und mit dem verschiedenen Salatgrün bereite ich ihm ein immer neues Bett.

Ich liebe eingelegte Rote Bete. Ich liebe Blattspinat mit Butter und Käse. Ich freue mich, dass der Römisch Kohl, sehr gesund, wieder auf den Markt kommt. Ich sehe noch meine Großtante, die die Stiele sorgfältig gleich lang schnitt und sie in einer samtigen, lieblichen Sauce servierte, wie sie kein Mensch außer ihr zustande brachte.

Wer so abwechslungsreich kocht und isst, wie es die Jahreszeiten bieten, Römisch Kohl im Sommer und Rosenkohl im Winter, der kann sich leicht einen Imbiss aus dem komponieren, was im Obstkorb und im Kühlschrank liegt.

Meine Schnellgerichte

Weil ich mich im Lauf des Lebens auf eine bestimmte Anzahl und Auswahl von Schnellgerichten eingespielt habe, wollte ich irgendwann einmal wissen: Wie machen es die anderen? Und ich habe sie gefragt: »Was kocht ihr euch, wenn ihr keine Lust zum Kochen habt?«

Eine meiner Freundinnen sagte: »Im Sommer Tomaten mit Mozzarella und Basilikum, im Winter Rapunzelsalat und Wiener Würstchen.«

Ein Freund: »Pfannkuchen. Den esse ich gern mit Apfelmus, und als Kind habe ich der Mutter so oft zugeschaut, wie sie Pfannkuchen gebacken hat, dass ich dafür kein Kochbuch brauche.«

Meine Freundin, die lange in England gelebt hat: »Ich nenne es Tricolor. So viel tiefgefrorene Erbsen und Mais, wie ich mag, in Fleischbrühe garen. Unterdessen einen Rest Reis mit viel Butter in der Pfanne heiß werden lassen. Dann das Gemüse abgießen, dazutun und immer anders würzen. Wenn ich Tomaten habe, kommt die Farbe Rot hinzu. Du kannst auch Thymian oder Majoran nehmen. Oder Curry. Oder eine Scheibe gewürfelten gekochten

Schinken. Dann sind es vier andere Farben, Grün, Gelb, Weiß und Rosa!«

Und ich? Ich brate eine in daumendicke Scheiben geschnittene *Banane in Butter*. Mit Apfelwürfelchen oder einer Handvoll halbierten Mandeln und Pinienkernen. Gewürz? Zimt, Ingwer, Kardamom.

Oder ich mische einen Becher *griechisches Joghurt* mit mindestens 2 EL edelster Marillenmarmelade, die so aromatisch und cremig ist, dass man beim Essen die Augustsonne auf dem Rücken spürt und über die Donau schaut und sicher gleich zu einem Gasthaus geht, wo mir eine Forelle gebraten wird.

Oder ich schütte etwa ein Dutzend dieser knochentrockenen getoasteten Weißbrotscheibchen aus der Tüte und bekröne sie mit selbst gemachtem

Liptauer

Dazu verrühre ich 125 g weiche Süßrahmbutter mit 1 TL Senf, Salz, Pfeffer, mindestens 1 TL edelsüßem Paprikapulver, 1 geriebenen Zwiebel, 1 EL Kapern und 250 g trockenem Magerquark. Abschmecken und nach Belieben scharf nachwürzen, zu einem kleinen Ziegel formen und im Kühlschrank fest werden lassen. Wer gern Kümmel mag, kann den Liptauer zusätzlich mit einer Messerspitze gemahlenem Kümmel würzen.

Wenn ich Geduld habe, rühre ich mir auch gern den englischen Klassiker:

Lemon Curd

Für diesen Brotbelag braucht man ungespritzte Zitronen, deren Schale man gebrauchen kann. 2 Zitronen werden gewaschen, dann wird die Schale abgerieben und mit 3 Eiern verquirlt. Eier, Zitronenschale und Zitronensaft, 60 g Butter und 250 g Zucker müssen nun im Wasserbad geduldig verrührt werden, bis sich der Zucker aufgelöst hat und die Creme dick geworden ist. Die Mischung wird durch ein Sieb in Gläser gefüllt, verschlossen, kühl gestellt und alsbald verbraucht. Sie schmeckt nicht nur auf Weißbrottoast, sondern auch köstlich zu süßen Nockerln, zu Armen Rittern und Milchreis, und ich glaube, wenn man sich einmal der Mühe unterzogen hat, diese Creme herzustellen, fallen einem auch andere Verwendungsmöglichkeiten ein.

Noch eine Möglichkeit, wie ich mir etwas zu essen mache, wenn ich eigentlich keine Lust dazu habe: Ich mache aus *Goethes Frühstück* ein Mittagessen. Hühner- oder Rindsbouillon, eine Frucht, wie sie die Jahreszeit bietet, eine Birne, ein paar Weintrauben oder eine kleine Schüssel voll Mirabellen.

Beignets – noch ein Schnellgericht

Während meines Studiums in Wien lud mich mein Schweizer Freund in das Chalet seiner Familie im Engadin ein. Es war ein altes Haus unter rauschenden Tannen. In der Küche: ein Herd, der mit Holz geheizt wurde, und als wir ankamen, stand die Schwester am Tisch und rieb einen wahren Berg Gruyère.

»Ahhh«, sagte mein Freund entzückt, »das werden *Beignets*!«

»Ja, ihr könnt schon einmal decken!«

Derweil rührte sie so viele Eier in den geriebenen Käse, dass ein Teig entstand, den man mit dem Löffel zu Nocken abstechen und in Fett von beiden Seiten sacht und leise ausbacken konnte. Sie legte sie nicht zu dicht nebeneinander, denn die Nocken gehen auf. Dazu gab es Brot und Salat.

Das habe ich mir gemerkt, weil es ein Gericht ist, das im Nu fertig ist und überall passt. Für mich allein bereite ich es mit ein oder zwei Eiern zu. Für Gäste mache ich es als Vorspeise. Es ist auch leicht mit allerlei Grünem zum Hauptgericht aufzuplustern.

Für *Krabbeneier* werden zu dem Beignetteig fein gewiegtes Krabbenfleisch und Dill gemischt, für *Schinkeneier* kommt fein gewiegter Schinken dazu, ein Schlückchen Portwein als Würze und eine krosse Specklocke als Dekoration.

Eine Zufallsmahlzeit

Manchmal lasse ich die Essvorräte entscheiden, was ich kochen soll. Ich packe also alles Mögliche auf den Küchentisch, Reste aus dem Kühlschrank, Obst und Gemüse vom Markt, eine fast leere Packung mit Linsen oder Haferschrot, eine Zwiebel, eine Tube mit Tomatenmark, und ich schleiche wie ein Tiger um dieses Zufallsstillleben herum. Was könnte daraus werden? Worauf hätte ich Lust?

In den sechziger Jahren hatte ich den Auftrag vom *Hamburger Abendblatt*, für jeden Wochentag ein Rezept zu schreiben. Jeden Tag dieselbe Anzahl von Zeilen für Zutaten und Zubereitung, immer leicht zu kochen, nicht zu teuer, passend zur Saison – eine Höllenarbeit.

Irgendwann schrieb ein Leser: »Ich habe Ihr Geheimnis entdeckt! Sie fangen immer wieder mit einer Zwiebel an, die Sie würfeln und in Fett andünsten.«

Ich lachte, als ich seinen Brief las, denn der unbekannte Leser hatte recht. Auch jetzt nehme ich die Zwiebel, hacke sie und tue sie in die Pfanne, auf nicht zu starker Hitze, denn sie soll nicht verbrennen, sondern gerade nur etwas Farbe annehmen, und während ich sie um- und umwende, schaue ich mich um.

Da ist ein Rest Linsen und eine einsame Pellkartoffel. Also hinein in die Pfanne mit der Gepellten, mit der Bratschaufel zerhacken, eine Prise Salz dazu, noch ein bisschen Butter, dann die Linsen. Gewürz? Pfeffer, auf jeden Fall, und da leuchtet mich eine halbe Zitrone an. Ein bisschen Schale abreiben, eine Prise Zucker dazu, und schon habe ich einen kleinen Imbiss zum Mittag.

Wenn ich Hunger habe, könnte ich mir eine Bratwurst dazu machen. Oder die Frikadelle von gestern in Brocken teilen und im Gemüse warm werden lassen. Schon löse ich mein Stillleben auf und genieße meine *Zitronenlinsen*.

Wie lange habe ich am Herd gestanden? Ein paar Minuten, und benutzt habe ich nur eine Pfanne. Das war die immer wiederkehrende Klage meiner Großmutter: Den halben Vormittag habe sie in der Küche gestanden, und aufgegessen hätten wir es in zehn Minuten.

Ich, viel älter geworden als sie, habe so oft und so

viel für die Familie, die Freunde und für die Fotos in meinen Büchern gekocht, dass ich mich nun auf das Wesentliche beschränken und aus allen Kocherfahrungen und -erinnerungen die Konsequenzen ziehen kann. Ich weiß, was mir schmeckt, und vor allem, was ich kann und was ich nicht kann.

Wie ich Food-Journalistin wurde

Ich bin durch den Geiz eines meiner ersten Verleger zum Kochen als Arbeits- und Lebensthema gekommen.

In den sechziger Jahren war ich Redakteurin bei der Familienzeitschrift *Blick in die Welt*, in der es außer mir nur den Chefredakteur Ulrich Klever, eine Sekretärin und einen Grafiker gab. Als durch die farbigen Anzeigen die redaktionellen Seiten auch farbig gedruckt werden konnten und Mode und Kochen bunt wurden, stöhnte der Verleger, dass er jetzt sein gutes Geld für die Farbfotos ausgeben müsse, die viel teurer waren als die bisherigen Schwarz-Weiß-Fotos.

»Aber für den Text zahle ich nichts! Den schreiben Sie selber! Kochen kann jeder!«, war sein Fazit.

Da schauten sich Chefredakteur und Redakteurin an. Er sagte: »Ich kann Steaks braten!« Und ich: »Ich kann Reis kochen.«

Reichte das? Noch gab es keine Esszeitschriften, noch kein amerikanisches Convenience-Food. Um über Kochen schreiben zu können, musste ich also dazulernen, mich informieren. Theorie und Praxis,

Ernährungskunde und Kochkunst. Die Versuchsküchen der Energielieferanten, Strom und Gas, und ein Lebensmittelhersteller waren die ersten Übungsplätze und Auskunftsquellen. Aber: Konnte man sich auf sie verlassen?

Ich begann, ein kulinarisches Tagebuch zu führen. Ich hielt das fest, was zweifelsfrei und zuverlässig war. Ich notierte, was ich gekocht hatte, immer mit allen Randerfahrungen.

Das Nichtgelungene führte mich in die Kühlkammer unseres Schlachters, in der die Rinder und Schweine im Dunkeln an ihren Haken hingen und geduldig aufs Weiterverarbeiten warteten. Ich durfte sie abtasten, spürte die silbrige Haut unter den Fingerspitzen, die die Muskelpakete säuberlich und hauchartig umschlossen. Sah die Farbe des Fleisches hindurchschimmern, erkannte die Unterschiede der einzelnen Muskelgruppen, die Ursache dafür, dass jede eine andere Behandlung verlangte. So entstand ein Nachschlagewerk, das ich immer wieder benutzte und das ich durch die klassische Kochliteratur ergänzte.

Damals habe ich auch begonnen, »die Prato« zu konsultieren. In der k.u.k.-Monarchie hatte Katharina Prato, Edle von Scheiger, in *Die süddeutsche*

Küche für Generationen von Köchinnen und Hausfrauen die Rezepte aus Österreich, Böhmen und Ungarn, Venezien und den adriatischen Küstenländern gesammelt und kurz und knapp beschrieben. Manchmal lese ich die Prato wie einen Roman, sehe alle in der Küche hin und her huschen, sehe die Kupfertöpfe funkeln und glühen, rieche den kräftigen Geruch, wenn das Fleisch im zischenden Fett anbrät. Ich liebe Musik, bin aber unmusikalisch wie ein Zaunpfahl und beneide Freunde, die Partituren lesen können und auch ohne ein Orchester hören, was da steht. Genauso ergeht es mir beim Lesen eines Rezepts. Ich schmecke ohne Kochtopf, was da aufgeschrieben steht.

Wenn ich also mein oben beschriebenes Stillleben auf dem Küchentisch eine kleine Weile auf mich habe wirken lassen, verschieben sich die Dinge und werden, wenn sie die Noten der Partitur wären, eine Harmonie: Zur Zwiebel in der Pfanne kugeln der gewürfelte Fenchel und eine schöne, dicke, süße, reife Tomate.

Vom Fisch oder
»Dir wachsen noch Kiemen«

Die Harmonie der Zutaten stellt sich am leichtesten beim Fisch ein. Fischfleisch ist hell und leicht, sein Eiweiß wird schon bei 45° fest, es passen alle Gemüse dazu, die ebenfalls mit dieser schwachen Hitze auskommen, und wenn ich beides in Öl oder Butterschmalz dünste, wachen die Aromen auf, dass es eine Freude ist.

Ich brauche also für meine Fischmahlzeit nur ein Stück schieren mageren Fisches. Ich mag den Lengfisch und den Rotbarsch besonders gern. Und wenn ich einen Termin bei meinem Hausarzt habe, gehe ich danach zwei Häuser weiter zum einzig noch vorhandenen Fischgeschäft in meiner Nähe.

Der *Lengfisch* liegt rosig feucht auf zerkleinertem Eis, und ich muss schlucken, wenn ich das Preisschild sehe. Aber Fisch ist immer ein Fest in meiner Küche, und ich dünste den Leng voller Hingabe. Manchmal hacke ich Petersilie zusammen mit ein paar Champignons, und wenn der Fisch, vielleicht mit ein bis zwei Salzkartoffeln, auf dem vorgewärmten Teller liegt, kommt das grün-weiße

Hack auf höchster Hitze in die Pfanne und röstet mit etwas Fett, bis es kross ist. Auf den Fisch und fertig.

Zu asiatischen Gewürzen braucht der Fisch Reis, mit anderen Meeresfrüchten viel grüne Kräuter. Ich esse zum Beispiel zu gerne *gekochten Schellfisch mit Spinat und Salzkartoffeln* – doch das ist mir zu viel Arbeit, eine zu große Menge an Töpfen. Aber köstlich. Das wissen Freunde in Bremen, und wenn ich das Glück habe, sie zu besuchen, laden sie mich zum Schellfisch ein.

Alles andere überlasse ich den Profis in Restaurants und Hotels oder zum Beispiel den Köchen auf Kreuzfahrtschiffen. Ein paarmal war ich auf der »Deutschland« zu literarischen Vorträgen eingeladen. Bei der ersten Reise über die Ostsee war das Thema Skandinavische Literatur im Allgemeinen und Astrid Lindgren im Besonderen. Das Frühstücksbuffet war üppig mit Räucherfischen ausgestattet. Mittags und abends war abermals Fisch im Angebot: schon allein eine Wonne für Fischliebhaber. Doch auf meiner zweiten Reise, diesmal durchs Mittelmeer, gab es einen besonderen Fischimbiss. Das Schiff kam gerade von seiner

Pazifiktour, und die vorwiegend philippinischen Köche hatten in jedem Hafen einheimische Fische gekauft und in den Tiefkühler gepackt. Jeden Vormittag bereiteten sie die Fische ganz einfach und ohne Drumherum auf einem heißen Stein zu, Fische, deren Namen ich noch nie gehört hatte, serviert auf einem Bananenblatt, gegessen im Schatten eines Sonnenschirms, ringsherum Wasser und Himmel.

Mein mich begleitender Mann spottete: »Dir wachsen noch Kiemen! Aber es gibt wenigstens eine Mahlzeit an Bord ohne Fisch: den Fünfuhrtee.«

Er irrte sich. Zu dieser englischen Mahlzeit gab es die klassischen blassen Toastscheiben, zu Dreiecken geschnitten, mit Ei und Gurken gefüllt. Und mit Thunfisch.

Chicken à la King
und andere Hühnerrezepte

Ich mag das Fleisch eines Hühnchens auf dem Küchentisch, ausgelöst von Brust und Keule. Aus Haut und Knochen koche ich mit Suppengrün und Kräuterresten eine Hühnerbrühe. Die brauche ich immer. Die vielen Hühnerrezepte aus aller Welt simplifiziere ich nach Lust und Laune. Hier ein paar davon:

Coq au Vin

Ich brate klein geschnittenes Wurzelgemüse in Olivenöl an, streue ein paar Pfefferkörner darauf, lege das Fleisch von zwei Hühnerkeulen darauf, auch ein Bouquet garni, gieße Hühnerbrühe und so viel Weißwein dazu, dass alles gut bedeckt ist. Topf zudecken, leise und nur auf Mittelhitze 1 Stunde kochen. Früher wurde das Huhn in Wein gekocht, damit auch eine alte Henne durch die Säure des Weines zart und mürbe gemacht wurde. Heute kochen wir das Huhn nur noch in Wein, weil es so gut schmeckt. Ich nehme mir meine Portion aus dem Topf, breche mir ein Stück Weißbrot ab und trinke dazu denselben Wein, in dem das Hühnerfleisch gekocht worden ist.

Huhn aus Nizza

Dafür schmore ich 1 Hühnerbrust mit Zwiebeln und Knoblauchzehen an, während ich 2 Tomaten und 1 Stück Zucchino würfle, grüne Oliven entkerne und das alles mit Salz und Pfeffer, Estragon und Oregano und 1 Tasse Hühnerbrühe zum Huhn gebe. Weitere 45 Min. zugedeckt schmoren lassen.

Das Gericht kann ich in meinem Schmortopf mit auf den Balkon nehmen. Ich brocke mir Weißbrot dazu und lass die Krümel der Amsel und dem Rotkehlchen.

Curry-Huhn

ist das einfachste Gericht: Ich brauche dazu fertig gekochten Reis (Ketten-Kochen!), schneide gekochtes Hühnerfleisch und 1 Banane in Scheiben, röste beides mit 1 Zwiebel in Fett und reichlich Currypulver an und rühre 1 Tasse Reis dazu, bis alles heiß ist und köstlich duftet.

Baskisches Huhn

Ich schmore das Hühnerfleisch mit gewürfelten Zwiebeln und Tomaten, lösche es mit einem Glas Chianti ab und mische es mit einer Portion gekochten Bandnudeln (Ketten-Kochen!).

Huhn aus Siena
Das gart in Olivenöl, gedünstet mit Zwiebeln und Tomaten und mit Steinpilzen im Topf und wird mit viel Petersilie auch in Nudeln geschwenkt. Ich nehme braune Champignons, wenn es keine Steinpilze gibt.

Oder ich mache es wie Astrid Lindgren, die im Alter das Weihnachtskochen für die ganze Familie gestrichen hatte und das praktische

Chicken à la King
ins Programm aufnahm. Das Königshuhn ist aus den Vereinigten Staaten wieder zurück nach Europa gekommen. Es ist ein besonders gutes Gästegericht, und wenn ich Glück habe, bleibt ein Rest für den nächsten Tag. Ich muss nur eine sahnige, samtige Sauce kochen, versenke darin das klein geschnittene Hühnerfleisch, ein paar Erbsen, gedünstete Champignons und Spargelspitzen. Dazu passt ganz gut ein Kartoffelpüree.

Und dann gibt es noch jenes Hühnerrezept, auf das ich immer gern zurückgreife: *Huhn im Topf.*
Jede Hausfrau und jeder Koch hat im Lauf der Jahre und Jahrzehnte dafür ein Rezept, das zu dem ihren geworden ist und das sie im Schlaf kochen

können. Meines stammt aus Belgien, aus einem der ersten Ehe-Sommer, als Europa noch nicht von Autobahnen überspannt war und wir auf dem Weg von Hamburg nach Paris, zum Schwager, immer irgendwo Station machten, diesmal in Brüssel. Dort haben wir im *La Couronne* das *Waterzooi de poulet* kennengelernt. Die Besitzerin schenkte mir das Rezept, das so einfach wie köstlich ist und das ich in zwei Etappen befolgen und mich zwischendurch ausruhen kann.

Waterzooi de poulet

Ich brauche dazu den einzigen großen Suppentopf, den ich behalten habe, und versenke darin einen Kapaun, kochfertig vorbereitet. Dann geht es an die Arbeit des Gemüseputzens: 2 Stangen Lauch, 1 großes Stück Sellerieknolle, 2 Kartoffeln, 1 Mohrrübe, 1 große Zwiebel, alles in mundgerechte Stücke schneiden und auf das Huhn häufen. Würzen mit je ½ TL Thymian und geriebener Muskatnuss, 1 Lorbeerblatt, 4 Nelken, Pfeffer und Salz, und mit Hühnerbrühe nur so weit auffüllen, dass alles knapp bedeckt ist. Eine Stunde leise kochen lassen. Ich nehme das Huhn heraus, befreie es von Haut und Knochen, schneide es in kleine Stücke. Dann verquirle ich 4 Eidotter mit 1 Becher

Sahne oder Crème fraîche und quirle das mit 1 Sträuß-
chen Petersilie, fein gewiegt, in die Hühnerbrühe.
Nicht kochen lassen! Das Fleisch wird dann in eine
Terrine gefüllt und die Suppe daraufgegossen.

Beilagen: Cracker, Butterbrot, wobei das belgische
Rezept kurioserweise *Well buttered slices of German
Kommissbrot* vorschreibt.

Ein so köstliches wie praktisches Gericht für Fami-
lien- und Gästebesuch. Reste fülle ich in Joghurt-
becher und friere den Imbiss ein.

»Gibt es bei Ihnen immer
so etwas?«

Ich habe so gern für alle gekocht, ganz ohne Ehrgeiz, Gerichte, derentwegen ich nicht in der Küche stehen musste, statt bei Tisch zu sein. Gemusterte Tischtücher, damit das Geklecker der Kinder nicht zu sehen war. Rote, königliche Tischtücher für die Feste. Geschirr, gemischt aus Erbresten, Gläser gesammelt, weil ich sie schön fand, ehe ich viel von Wein wusste.

Einmal trugen die Gäste den gedeckten Esstisch quer durch die Wohnung auf den Balkon. Einmal kochte uns ein Sternekoch für eine TV-Sendung ein Buddenbrook-Menü, einmal ...

Einmal hatte etwas anderes begonnen. Ich merkte es gar nicht, ich dachte, es sei nur der Übergang von einer Krankheit wieder zum Alltäglichen. Aber es war der Anfang der letzten Strecke, von der letzten gemeinsamen Zeit.

Zu Beginn bestand mein Mann noch darauf, zum Mittagessen aufzustehen und sich zu uns an den Tisch zu setzen. Ich legte die rote Decke auf, die Rotweinflecken gar nicht erst sichtbar werden ließ,

und als es ihn in der anderen Ordnung der Emp-
findungen vollkommen verzweifelt machte, wenn
er seine Flecken auf dem hellen Spannteppich sah,
kaufte ich einen so reich gemusterten Teppich, dass
Flecken wie Dekore aussahen.

Er mochte nur noch leichte, kleine Gerichte und
entwickelte dazu eine Vorliebe für *gefüllte Avocado*.
Eine halbe Frucht reichte ihm, und ich schabte das
Fruchtfleisch mit einem kleinen Löffel in Flocken
locker, damit er es gut aus der Pelle lösen konnte.
Gefüllt wurde die mit Zitronensaft beträufelte
Hälfte mit einer Mischung aus hart gekochtem Ei,
Schinken und einem kleinen Löffel Mayonnaise.
Oder mit Schnittlauch und gewürfeltem Schafs-
käse, vorsichtig mit etwas Paprikapulver gewürzt.
Oder Roastbeef, ganz klein gewiegt, ein paar Erb-
sen, einem Löffel Remoulade oder Crème fraîche.
So etwas Cremiges musste als Mörtel immer dabei
sein, denn als er bettlägerig wurde, aber immer
noch selber essen wollte, musste es eine krümel-
arme und löffelfeste Nahrung geben.

Kartoffelmus war der Renner. Es verkleidete sich ge-
horsam mit einem Löffel fein gewiegten Kräutern
zur Göttin Flora, mit passierten Tomaten zu Auro-
ra, der Morgenröte, und mit passierten Mohrrüben

zum Goldschatz. Mit gebratener und gewürfelter Leber war es gerade das Richtige für ein Sonntagsessen.

Wenn ich mir heute ein Stückchen Kalbsleber brate, gebe ich noch eine Portion selbst gekochtes, festes Apfelmus als »Gemüse« dazu und denke an die vielen Augenblicke, in denen das gemeinsame Essen zu Geschichten wurde, daran, wie alles anfing und wie es weiterging.

Wie mein Mann mich das erste Mal besuchte – »Ich komme auf einen Drink vorbei ...« – und ich in meiner Anderthalbzimmerwohnung noch keinen Kühlschrank besaß und verzweifelt überlegte, was ich aus den letzten Salamischeiben und einer Tüte voll wunderbar weicher Datteln aus Israel machen konnte, und einfach die Salami in die entkernten Datteln steckte.

Er nagte, ohne Kommentar, an meiner Kreation, und als er sich verabschiedete, fragte er: »Gibt es bei Ihnen immer so etwas?«

Oder später, als wir verheiratet waren und reihum von seinen Kollegen zum Abendessen eingeladen wurden und bei einem nichts als Salzstangen vorgesetzt bekamen, weil sich die Hausfrau geweigert hatte, etwas zu kochen. Meinetwegen! So gut wie ich könne sie gewiss nicht kochen, hatte sie ihrem Mann gesagt, und sie wolle sich nicht blamieren.

Oder das Vergnügen, wenn wir noch nicht so vertraute Gäste hatten und mein Mann über die vollen Teller schaute und sagte: »Ich bin Ihnen so dankbar, dass Sie unsere Einladung angenommen haben. Da bekomme ich endlich mal wieder ein warmes Essen!«

Mein Mann liebte *Zwetschgenkuchen*, und sobald die echten Zwetschgen auf dem Markt waren, backte ich Zwetschgenkuchen.

Zwetsche oder Zwetschge ist das, was von der ersten Hälfte ihres eigentlichen Namens übrig geblieben ist. Damaszener Pflaume oder: Pflaume aus Damaskus. Zwetschgen sind nicht groß. Sie haben trockenes, süßes, festes Fleisch und sind »Kerngeher«, wie man in Österreich sagt: ein Längsschnitt mit einem scharfen Küchenmesser, und schon purzelt der Stein heraus.

Ich knete also den Teig wie für den *Apfelkuchen* (siehe Seite 16), rolle ihn aus und füttere damit meine drei rechteckigen Backformen aus. Jetzt werden die Zwetschgenhälften senkrecht in ordentlichen

Reihen hineingestellt und dann wie der Apfelkuchen gebacken. Danach erst werden sie mit Zimtzucker bestreut. Wenn es die richtigen Zwetschgen sind, haben sie ihren Saft nicht zu einer lila Suppe ausgekocht, sondern sind gar und fest.

Doch die Zeit der Zwetschgen ist kurz, und auch wenn ich einen gewissen Vorrat der halbierten Früchte einfriere, so muss ich die zwetschgenlose Zeit überbrücken, und aus dem Zwetschgenkuchen wird wieder der Apfelkuchen. Den kann ich zu jeder Jahreszeit backen, und wenn er frisch aus dem Ofen kam, mochte ihn mein Mann am liebsten.

Nach dem Tod meines Mannes begann die apfellose Zeit. Doch dann merkte ich, dass ich den Apfelkuchen brauche. Gerade weil er so schlicht ist und nichts als apfelig schmeckt. Und so backe ich ihn wieder nach der alten Ordnung: zwei ins Kalte, einen zum Gleich-Essen.

So hat mich der Apfelkuchen wieder in die Welt geholt, und ich freue mich, wie er Freunden und Berufsbesuchern schmeckt, und ich denke an die Zeit, die längst Vergangenheit geworden ist, und ich sehe ihn wieder, wie er lächelte, wenn ich ihm den Teller mit dem Apfelkuchen reichte.

Eines freilich mochte mein Mann nicht – Quark.

Aber der Quark

Quarkrezepte gibt es wie Sand am Meer, aus allen Ländern, in denen seit eh und je Kühe, Ziegen, Schafe, oder was sonst noch Milch gibt, im Stall und auf der Weide stehen. Und in diesen Zehntausenden von Jahren hat sich das menschliche Verdauungssystem so auf das tierische Eiweiß eingestellt, dass zum Beispiel ich als Säugling überlebt habe, weil ich nach dem Tod meiner Mutter mit verdünnter Kuhmilch gefüttert worden bin. Vielleicht mag ich deshalb den Quark so gern, weil er so vielfältig zu verwenden ist. Ich kaufe immer Magerquark, weil ich nie im Vorhinein weiß, was aus ihm wird. Zum Beispiel:

Schwarz-Weiß

Ich verrühre so viel Magerquark, wie ich essen will, mit etwas Milch oder Sahne und 1 EL Vanillezucker. Dann röste ich eine Handvoll Schwarzbrotbrösel mit 1 EL Zucker und 1 EL Butter, würze mit Zimt oder Kardamom und streue dieses Schwarze auf den schneeweißen Quark – das ist auch ein Augenschmaus!

Oder *Prasselnocken?* Ihretwegen habe ich die alte Aluminiumdeckelpfanne weder verschenkt noch weggeworfen, denn ich glaube, dass ihr Boden die beste Basis für dieses Gericht ist.

Prasselnocke

Ich verrühre also 350 g Magerquark mit 2 Eiern, 160 g Mehl, 1 Prise Salz und 1–2 EL saurem Rahm. Dann lasse ich in der Deckelpfanne 6 EL Wasser mit 60 g Butterschmalz heiß werden, lege große Quarknocken nebeneinander hinein, decke die Pfanne fest zu und stelle die Hitze klein. Dann müssen die Nocken kochen, bis sie prasseln. Das ist das Zeichen, dass sie aufgegangen und unten kross sind. Mit 3 EL saurer Sahne begieße und Nocke für Nocke in eine vorgewärmte Schüssel füllen. Wenn ich den Nockenteig mit 1 TL Vanillezucker und 1 EL Zucker verrührt habe, dann begieße ich die fertigen Nocken mit flüssiger Butter und Zimtzucker und esse ein Obstkompott dazu.

Das ist Portion eins einer Quark-Kette. Am nächsten Tag zwei oder drei Nocken in etwas Butter auf schwacher Hitze wieder warm machen und dazu ein Gemüse. Mein drittes Quarkrezept stammt aus Göttingen, von meiner Großmutter:

Quarkblätterteig

Aus je 250 g Mehl, Magerquark und Butter mit 1 Prise Salz knetete sie im Nu einen Teig und stellte ihn zugedeckt für 1 Stunde kühl. Dann rollte sie den Teig zu 2 kreisrunden Stücken aus, schnitt jedes wie eine Torte in 12 Scheiben, legte auf die Breitseite der Stückchen 1 TL Marmelade und wickelte den Teig zur Spitze hin auf. Die Hörnchen mit der Spitze nach unten auf ein Blech legen, nach Belieben mit verrührtem Eigelb bepinseln und bei 180–200° backen, bis sie golden sind.

Sie schmecken frisch am allerbesten!
Wenn ich Teebesucher erwarte, fülle ich 12 Hörnchen süß und die anderen 12 mit Würfelschinken und esse sie am nächsten Tag zu einer Tasse Hühnerbrühe zu Mittag – falls mir die Gäste nicht auch das salzige Dutzend weggefuttert haben

Und noch ein Quarkrezept von der Insel Islay: Auf einer Pressereise nach Schottland landete ich auf der Insel Islay. Dort habe ich nicht allein mit den Whisky-Brennern, dem Captain der Fähre zum Festland, dem Piloten der flatternden Propellermaschine, die flog, wenn die Fähre bei Sturm nicht fahren konnte, und anderen Inselbewohnern eine Nacht lang einen Reigen nach dem anderen getanzt, sondern auch das Quarkrezept geschenkt bekommen, das jeden meiner Gäste beim ersten Schluck bezaubert innehalten und fragen lässt: »Was ist denn das?« Das ist die

Caledonian Cream

Ich muss immer wieder an die stürmischen Tage auf Islay denken, wenn ich eine 500-g-Packung Magerquark aufreiße und in eine große Filtertüte kippe, die ich in ein Sieb lege. So kann der Quark in den nächsten Stunden so trocken werden, wie er sein soll. Dann gieße ich 1 Becher Sahne in einen Steinguttopf und rühre sie mit 2 EL Zucker steif zur Schlagsahne. Darauf fülle ich die Quarkbrocken, die abgeriebene Schale 1 Zitrone, 2 gehäufte EL Orangenmarmelade, 1–2 EL Zucker, 1 Glas Whisky und rühre alles miteinander schlank. Zudecken und ins Kühle stellen.

Gern habe ich dazu einen Salat aus einheimischen roten Früchten serviert, und so esse ich die Cream bis heute, löffle mir eine Portion aus dem Steinguttopf und stelle ihn gleich wieder, zugedeckt, ins Kalte.

Gemüse im Topf

Gemüse wird heute geliebt und hoch geschätzt. Zur Zeit meiner Groß- und Urgroßeltern spielte es dagegen eine untergeordnete Rolle. Es diente als Zierde. Es schmückte den Braten oder den Fisch. Aber weil es als Augenschmaus dienen sollte, haben es die Köche so interessant und modern kombiniert, dass ich für meine kleinen Mittagsmahlzeiten die Beilage zur Hauptsache gemacht habe. Und was hat mein Gemüse für internationale Namen!

Gemüse à la Polonaise, auf polnische Art
Dazu werden Semmelbrösel in Fett golden geröstet und mit gehackten hart gekochten Eiern, fein gewiegter Petersilie, Salz und Pfeffer gemischt. ½ Tasse Semmelbrösel und 1 Ei sind mir genug, und wenn ich diese Mischung mit 1–2 Tassen frisch gekochten jungen grünen Bohnen vermenge, habe ich eine köstliche Mahlzeit.

Gemüse à la Jardinière, nach Gärtnerinnenart
ist ein absolut ausreichendes Gericht: Junges Garten-
gemüse, gerade geerntet, wird mit Blumenkohlröschen
zusammen gekocht und nach Belieben mit einer Hol-
ländischen Sauce begossen.

Gemüse à la Russe, auf russische Art
ist im Spätsommer ein Genuss. Steinpilze in Streifen
schneiden, kurz in Butter braten und mit saurer Sahne
überziehen. Dazu gehört eine Scheibe gekochter
Schinken.

Gemüse à la Bruxellois, auf Brüsseler Art
Dafür wird ein Chicorée gedünstet, klein geschnitten
und mit Rosenkohl und Kartoffelwürfeln vermischt.

Gemüse à la Bourgogne, nach Burgunder Art
Speckwürfel und Champignons mit Zwiebeln in etwas
Rotwein dünsten und zu einem Klecks Kartoffelmus
servieren. Ich mag dieses Gericht besonders gern.

Gemüse kann auch kettengekocht werden. Meine
drei liebsten Gemüseeintöpfe bieten sich dafür an.
Es ist dieselbe Technik wie bei Reis, Kartoffeln und
Nudeln: Ich koche die ganze Menge, wie sie in den

klassischen Rezepten für 4–6 Personen angegeben wird, esse etwas gleich und frisch und friere die restlichen beiden oder drei Portionen in leeren Joghurtbechern und ähnlichen Behältnissen ein, die man früher weggeworfen hat, die aber zumindest im Kettensystem noch ein zweites nützliches Leben haben.

Der norddeutsche Eintopf

Ja, er beginnt mit 1 Zwiebel! Sind ihre Würfel golden, kommen je 1 TL gemahlener Zimt, Kardamom und Madras-Curry hinzu, vielleicht noch etwas Butterschmalz, immer wieder umrühren. Nach etwa 5 Min. kommen je 500 g gehobelte Mohrrüben und Kartoffeln hinzu und so viel Fleischbrühe, dass das Gemüse gerade bedeckt ist. Sommermöhren brauchen 10–15 Min., Wintermöhren 5–10 Min. länger. Abschmecken und zu einer Frikadelle servieren.

Am nächsten Tag mit einem Rest Erbsen, am folgenden Tag mit einer Scheibe Sellerie, gewürfelt, und danach mit weißen Bohnen und Würfelspeck zubereiten.

Den folgenden Eintopf habe ich in Wien kennengelernt:

Letcho, der ungarische Eintopf

Er beginnt wie der norddeutsche Eintopf mit der in Fett angebratenen Zwiebel, zu ihr gesellen sich 1 TL Paprikapulver und 1 grüne Paprikaschote ohne Stiel und Kerne, fein und klein gewürfelt. Salz und Pfeffer und 1 Prise Zucker dazu und im eigenen Saft dünsten. Vielleicht braucht das Gemüse noch etwas mehr Fett. Unterdessen 2–3 Tomaten würfeln und mitdünsten. Jetzt hat das Gericht die ungarischen Nationalfarben, Grün, Weiß und Rot. Und während ich die Petersilie fein wiege, überlege ich: Esse ich es schon so, wie es ist? Oder schlage ich ein Ei hinein und lasse es gerade stocken? Oder schneide ich lieber ein Fischfilet in dünne Streifen, träufle ein paar Tropfen Zitrone darauf und begrabe es im Gemüse, sodass es im Nu gar ist? Jede Variation schmeckt ausgezeichnet.

Beide Eintöpfe lassen sich rasch zubereiten. Der dritte erfordert etwas mehr Zeit und Geduld, denn es lohnt sich nicht, ihn in kleinen Mengen zu kochen: *Ratatouille.* Ich koche die Ratatouille in dem gusseisernen schwarzen Schmortopf meiner Großtante, den ich nie, nie, nie verschenken oder entsorgen oder wegwerfen werde, denn auch wenn ich eine Meisterin der kleinen Gerichte geworden bin:

Einen großen Topf zum Kochen und einen Topf zum Schmoren brauche ich auch in meinen letzten Lebensjahren am Herd.

Ratatouille

Die Zutaten: 2–3 Zwiebeln, 1 Aubergine, 1 rote oder grüne Paprikaschote, 1 Zucchino, 5–6 Tomaten oder im Winter, wenn die Tomaten nur noch nach Tomaten aussehen, aber nicht mehr nach Tomaten schmecken, 1 Dose geschälte italienische Tomaten.

Nun beginne ich mit dem Schneiden: Die Gemüse mit der längeren Garzeit kommen zuerst zu den geschmorten Zwiebelwürfeln in den Topf. Die Aubergine führt den Reigen an und wird klein gewürfelt, und so geht es weiter: umrühren, würzen mit Pfeffer, Salz, Oregano, 1 Prise Zucker, Thymian. Dann vielleicht noch etwas Öl dazu. Die Paprikaschote entkernen, würfeln, dazugeben, umrühren, würzen. Dann den Zucchino würfeln, dazugeben, umrühren, würzen. Und zum Schluss kommen die Tomaten mit ihrem Saft hinzu. Dann wird die Temperatur gesenkt. Ich würze gern, vor allem mit Oregano, andere schwören auf eine Mischung aus Thymian und Majoran. Auf jeden Fall wird das Gemüse gelegentlich umgerührt, damit nichts anhängt, wird immer wieder abgeschmeckt und langsam gegart.

Dann fülle ich die Ratatouille in Portionsbecher und friere sie ein. Passt zu Reis, zu Nudeln, zu Kartoffelpüree. Im Sommer wird die Ratatouille kalt mit einem Schuss Olivenöl und etwas gutem Weinessig beim Picknick zu würzigen Hackbällchen oder den klassischen hart gekochten Eiern serviert.

Mein erstes Fleischrezept

Und habe nicht auch ich manchmal Lust auf ein Stück Fleisch? Dann ist das

Filet im Grünen
besonders einfach. Ich kaufe mir ein Schweinsfilet, schneide es in Scheiben und brate die Scheibchen von beiden Seiten in heißem Öl oder Schmalz, was wirklich nur Minuten dauert, denn die Scheibchen sollen innen noch rosig sein. Sie werden erst nach dem Braten gesalzen und gepfeffert, und wenn ich eine der Gemüsemischungen, zum Beispiel Rosenkohl mit Leipziger Allerlei oder Brokkoli mit Blumenkohl und Tomatenscheiben, auf meinen Teller gefüllt habe, lege ich so viele Scheibchen, wie ich essen will, mitten in das grüne Bett.

Das erste Fleischrezept lernte ich bewusst in Nassau kennen. Nassau liegt zu Füßen des Burgberges. Auf der Kuppe die Ruinen der Oranierburg, am Hang die Ruinen der Stein'schen Burg. Mitten im Ort das Schloss der Familie des Freiherrn vom Stein. Wenn ich in den Schulferien mit dem

D-Zug Warschau–Paris aus Göttingen angereist war, führte mein erster Weg zum Itzeroth, dem Gärtner. In seiner Gärtnerei wuchsen Rosen und Pfirsichbäume, Lauch und Zwiebeln, Kartoffeln und Zinnien. Mitten in all den Beeten und Blüten und Feldern und Obsthainen stand ein kleines quadratisches Barockhäuschen, früher vermutlich ein Wärterhaus. Es gab nur ein Zimmer mit einem kleinen Kanonenofen, und auf dem Ofen stand der Wasserkessel und summte leise vor sich hin – oder der Schmortopf.

»Das musst du dir merken«, sagte der Itzeroth, weißhaarig und hager in lehmverkrusteter schwarzer Hose, aber immer tadellos in schneeweißem Hemd, »damit kommst du durchs ganze Leben!«

Ich brauchte es mir gar nicht aufzuschreiben. Ich sah, was er machte: Gleich viel Rindfleisch, Zwiebeln und Kartoffeln gleich groß würfeln, pfeffern und salzen, mit Wasser in den Schmortopf füllen, auf den bullerig aufgeheizten Ofen stellen. Deckel drauf und Hitze mildern.

Unterdessen gingen wir, der alte Mann und ich, durch den Garten bis zu der Ecke an der alten Stadtmauer. Da wuchsen die Kräuter. Ja, was wollen wir denn diesmal nehmen? Nein, das sind die Salatkräuter, die kocht man nicht. Aber hier: Zerreib mal ein Blatt und riech dran. Oder dies? Oder das?

So kam das Sommeraroma in den Topf, und als ich ihn wieder zudeckte, sagte ich: »Das ist aber ziemlich viel!«

Der Itzeroth lachte. »Das kocht jetzt eine oder zwei Stunden, und in dieser Zeit wird schon jemand vorbeikommen, der mit mir isst.«

Ich habe oft den *Nassauer Eintopf* gekocht. Manchmal mit Lammfleisch. Manchmal mit Schwein. Immer mit einem grünen Kraut. Ich koche ihn heute erst recht, denn ich merke mehr und mehr: die klassische deutsche Kombination Kartoffel, Fleisch und Sauce ist mir zu viel Aufwand. Der Nassauer Eintopf ist ideal, wenn ich einen Hausgast habe oder für mehr als die eine Person kochen muss, die ich bin. Der Topf kann zudem warten, bis wir essen wollen, und den Rest werde ich einfrieren. Deshalb liebe ich mein erstes Fleischrezept nach wie vor.

Die berühmte Mousse au chocolat und andere Schokoladendesserts

Zum ersten Mal bin ich ihr und ihrem Inhalt in der Schweiz begegnet, als mich Freunde in die *Kronenhalle* einluden, damit ich armes Nachkriegsmädchen sehen und schmecken konnte, was ein anständiges Essen ist. Ich kann mich nicht mehr an das Hauptgericht erinnern, wohl aber an den Augenblick, als sich der Ober zu mir beugte, einen Steinguttopf in der einen Hand, in der anderen einen silbernen Löffel.

Er neigte den Topf so, dass ich hineinschauen konnte, stach mit dem Löffel eine feucht glänzende Nocke aus etwas Schokoladigem aus, legte sie vorsichtig auf meinen Dessertteller und fragte lächelnd: »Genug?«

Das war die *Mousse au chocolat*, und alle schauten gespannt zu, was ich für ein Gesicht machte beim – man kann ja gar nicht sagen: beim Essen! Die Mousse, kühl und bittrig-süß, zergeht auf der Zunge und teilt sich einem mit. Das war das Aroma des Friedens, des Wohllebens, des Reichtums, der nicht von seinen Zinsen, sondern von den Zinsen der

Zinsen lebt, so empfand ich es damals, und ja, der silberne Löffel senkte sich noch einmal für mich in die kühle Tiefe des Topfes. Dann wurde er wieder, wie man mir erzählte, in den Kühlschrank gestellt, aber ich vergaß ihn nie.

Danach wurde das Leben auch außerhalb der Schweiz normaler, ich heiratete, und wir besuchten zum ersten Mal meinen Schwager und seine Familie in Paris. Und am zweiten oder dritten Tag fragte meine Schwägerin: »Soll ich für heute Abend eine *Mousse au chocolat* machen?«

Ich fiel aus allen Wolken. Machen? Kann man so etwas selber machen? Ist es nicht ein Sakrileg?

Sie lachte. »Du brauchst nur die richtige Schokolade. So dunkel wie möglich, aber trotzdem so samtig wie normale Milchschokolade.«

So zogen wir miteinander in die Küche, und ich schaute zu, wie sie 250 g Schokolade auf schwächster Hitze schmelzen ließ. »Du kannst einen Löffel Wein oder Sherry oder Sahne oder Rum dazugeben, wenn du Angst hast, dass die Schokolade ansetzt«, sagte sie und nahm den Topf vom Herd. Die geschmolzene Schokolade rührte sie mit dem Schneebesen, bis sie ganz geschmeidig war, gab ein Dotter nach dem anderen dazu, insgesamt drei, ließ die Creme abkühlen, schlug die Eiweiße zu sehr festem Schnee, hob ihn sanft unter die Schokocreme und löffelte sie in einen Steinguttopf, der dem aus der Schweiz wie ein Zwilling ähnelte. Der Topf kam ins Kühle. Das war's.

Keine Schlagsahne? Sie schüttelte den Kopf. »Das ist nur die Rettung, wenn du keine ordentliche Schokolade hast.«

Dieses Rezept hüte ich heute noch wie einen kostbaren Schatz. Erstens schmeckt die Mousse besser als andere Desserts. Zweitens erledigt man die Arbeit in zwei Schritten und zudem inzwischen mit dem elektrischen Handrührgerät. Drittens passt die Mousse zu allen Single-Menüs. Und viertens gibt es kaum Gäste, die diese Mousse nicht mögen.

Bei meiner Schwiegermutter habe ich eine andere Mousse kennengelernt. Sie nannte sie: *Mousse für Küchenfaulpelze.* Sie war wirklich eine kleine alte Frau, die nicht mehr viel Kraft in den Händen hatte, dafür außergewöhnlich wagemutig und phantasievoll kochte. Ihre Faulpelz-Mousse bestand aus Schlagsahne und geschmolzener, wieder abgekühlter Schokolade. Schön schlank gerührt und eins zu eins vorsichtig gemischt.

Sie wusste natürlich, dass es das Lieblingsdessert ihres Sohnes war, und weil sie es ihm gern zubereitete, dachte sie sich eine noch einfachere Variante aus: Es müsste doch klappen, wenn man die Schokoladenstückchen schmelzen lässt und abgekühlt mit der Sahne steif schlägt. Ob es klappt? Probieren Sie es aus!

Die dritte Schokoladennachspeise stammt von meiner Patentante Mita, die einen großen Haushalt mit ihrem Mann, vier Kindern und ihrer alten Nanny zu bekochen hatte, dazu immer die üblichen Gäste und Nachbarn. Und da ich als Studentin ganz in ihrer Nähe lebte, gehörte ich zu diesen Gästen und sah, wie sich Tante Nanny, die in der dritten Generation Kinderfrau gewesen war und nun wie eine echte Tante weiter im Hause wohnte und half, in eine Ecke der großen Küche zurückzog und nach Mitas Rezept ein Dessert zubereitete, das auch meiner Familie und meinen Gästen seither schmeckte und noch schmeckt.

Mitas Schokoladencreme

ist eine leichtere Version der Schokospeise, für Fest-
und Sonntage gedacht. *Sie kochte in einem großen
Topf ¼ l Milch auf, brockte 125 g Blockschokolade in
Stücken hinein, die sie langsam, langsam schmelzen
ließ, während sie 3 Blatt Gelatine auflöste. Dann
rührte sie 2 Dotter mit 2 EL Zucker geduldig etwa
10 Min. lang, bis die Mischung weiß und schaumig
wurde, presste dann die Gelatine aus, löste sie in der
Schokomilch auf und rührte diese Mischung zu den
Zuckerdottern. Dann schob sie die Schüssel in den
Kühlschrank, wo die Masse nun zu gelieren begann.
In der Zeit schlug sie die beiden Eiweiß mit ein paar
Tropfen Zitrone und 1 EL Zucker so steif wie möglich
und hob den Schnee unter die Creme. Wieder ab ins
Kühle.*

Ich habe später noch ein paarmal die *Mousse au
chocolat* an ihrem Ursprungsort in der Zürcher
Kronenhalle gegessen, dann jedes Mal mit Crème
fraîche, und sie schmeckte immer wieder so köstlich wie einst.

Der Baiser-Schwan

Wie in einem Restaurant in Paris dem Dessert gehuldigt wurde – das ist wahrhaft unvergesslich, und das habe ich immer noch in seiner ganzen Pracht vor Augen, wenn ich es mir in bescheidener Form nachbilde.

Der *Baiser-Schwan* brauchte einen großen Dessertteller, denn er bestand aus einer Kugel Vanilleeis als Korpus, Baisers, rechts und links drangedrückt als Flügel, und einem langen Baiser vorn als Hals. So wurde er vor mich hingestellt, und während ich ihn noch bewunderte, flüsterte mir die Kellnerin ins Ohr: »*Sauce au chocolat?*«

Ich nickte, und schon schwenkte sie ein Gefäß wie eine Gießkanne und richtete den Strahl aus geschmolzener Schokolade auf mein armes Baiser-Tier, auf seinen Körper, und schon schmolz das Eis, die Flügel klappten über ihm zusammen, der stolze Hals knickte, und ein Ruinenschwan schwamm in einem See aus Schokolade.

Jahre später lernte ich meine Großmutter kennen, die Mutter meines Vaters, Venezianerin, in Konstantinopel aufgewachsen. Ihr liebstes Dessert war eine Kugel Vanilleeis zwischen zwei Baisers, mit einem Gupf Schlagobers als Krönung. Manchmal mit eingezuckerten Erdbeeren, manchmal mit Schokoladensauce.

Jetzt bin ich älter als sie geworden, und eines meiner liebsten Desserts ist der Schwan in der einfachen Großmutterform.

Baisers

backe ich sozusagen anfallsweise, wenn Eiweiß übrig bleibt. Steif schlagen – pro Eiweiß mit 70 g Zucker und etwas Zitronensaft –, mit nassen Teelöffeln Baisers auf Backpapier setzen, über Nacht trocknen und bei 120–150° backen, bis sie fest sind.

Goethe und meine Obstsalate

Und dann bleiben noch die Rezepte, die ich für die Fotos zu meinen literarischen Kochbüchern über Goethe, Theodor Fontane und Thomas Mann und die Küchen ihrer Zeit nachgekocht habe. Alle drei zeigen in ihren Werken, wie sich unsere Geselligkeit entwickelt hat und was uns von diesem kulinarischen Erbe geblieben ist. Was ich von diesem Erbe weiter benutze? Da ist zum Beispiel dieses von Goethe erfundene Ein-Personen-Gericht.

Hühnersalat

Zutaten: 1–2 gekochte Hühnerbrüste, 2–3 hart gekochte Eier, 1 Salatherz, 3–4 ganze Sardellen, ein paar von beiden Seiten in Butter gebratene Weißbrotscheiben. Das Hühnerfleisch in Scheibchen schneiden, die harten Eier achteln und die Sardellen in Stücke schneiden. Aus dem Salatherz ein Bett für diese Zutaten bereiten, die dann mit einer beliebigen Marinade begossen und mit etwas Petersilie bestreut werden. Der Salat wird von den Weißbrotscheiben umkränzt.

Und es sind auch die folgenden vier Zeilen aus *Faust II*, die alles enthalten, was man zum Kaufen, Kochen und Essen sagen muss:

»*Kaiser.*
… Der Lieblingsspeisen Wahl laß mir zu allen
Zeiten,
Wie sie der Monat bringt, und sorgsam zubereiten.
Truchsess.
… Dich reizt nicht Fern und Früh, womit die Tafel
prangt,
Einfach und kräftig ist's, wornach dein Sinn
verlangt.«

Vier Zeilen, mit leichter Hand niedergeschriebene Erfahrung eines ganzen Lebens. Auch bei Goethe gehörten die kleinen dicken Bücher zum Küchenalltag dazu: die Anschreibbücher seiner Köchin oder der Küchenmägde, die notierten, was sie für den Herrn Geheimrat auf dem Markt kauften und was es kostete. So kann man genau verfolgen, dass Goethe Früchte liebte und welche angeboten wurden, wie bis tief in den Herbst Beeren und Nüsse und Äpfel in der Weimarer Küche landeten.
Ich hätte dort also ohne Weiteres meine Standard-

desserts zubereiten können, die mich und meine Familie und Freunde mein ganzes Leben lang begleitet haben und noch immer begleiten:

Der Winter-Obstsalat

ist der einfachste, aber erstaunlich aromatisch: 1–2 Bananen, 2 Orangen, 2 Äpfel schälen und klein schneiden, mit etwas Zitronensaft beträufeln, zudecken und kühl stellen. Erst zuckern, wenn der Tisch fürs Mittag- oder Abendessen gedeckt wird.

Der Sommer-Obstsalat

besteht aus den schönsten Sommerfrüchten, reif und süß: Himbeeren, weiße, rote und schwarze Johannisbeeren, rote, reife Stachelbeeren, Erdbeeren und Brombeeren, am liebsten aus dem Wald, und entsteinte Sauerkirschen schwach zuckern und vermischen. Die Mengen ergeben sich durch das, was man bekommt oder im Garten geerntet hat.

Manche Gäste fragen: »Keine Schlagsahne?« Nein, keine Sahne, keinen Likör, kein Gewürz, nur einheimische Früchte in ihrer Sommerpracht.

Die Torte Malakoff

Irgendwann einmal hatten wir Gäste und redeten über Nachspeisen. Dabei erwähnte ich eine Torte, die man eigentlich in den Sommerferien im Baumschatten an einem Gartentisch mit Kreuzstichdecke auf einer Wiese essen müsse, dazu ein Schluck kühlen Wein aus der Wachau, mit dem die Biskotten befeuchtet waren, und da erklang durch die ganze Wohnung ein Schrei: »Malakoff?«

Er hatte sie noch nie bei uns gegessen. Es war ein Freund meines Mannes, aber ich war genauso innig mit ihm befreundet wie mein Mann. Beide liebten die Torte Malakoff, und es war ein solches Vergnügen, sie für beide herzustellen. Vielleicht sollte ich sie wieder in mein Programm aufnehmen und die Kinder dazu einladen, damit sie lernen, was gut schmeckt, damit ich das Rezept weiterschenken kann.

Torte Malakoff

45 Biskotten werden leicht mit Sherry oder Weißwein befeuchtet und ziehen gelassen. Sie dürfen nicht weich werden, sondern sollen ihren Charakter bewahren.

Aus 300 g Butter, 2 Dottern, je 160 g Zucker und gemahlenen Mandeln samt 3 EL Rum eine Creme rühren, die man noch mit etwas Schlagsahne, 3 gehäufte EL reichen, geschmeidig machen kann. Jetzt schichtet man in eine runde Springform auf Folie oder Trennpapier abwechselnd eine Schicht Biskotten, eine Schicht Creme, eine Schicht Biskotten usw.
Gut festdrücken, den Rest Creme als Deckel darüberstreichen. Mindestens einen Nachmittag lang ins Kalte stellen, dann aus der Form lösen und mit Schlagsahne, Früchten, Marzipanblättern, Pistazien oder Zuckerblumen nach Belieben und Vorrat dekorieren.

Immer wenn der Freund zu Gast war, stand die Malakoff neben dem planmäßigen Dessert auf dem Tisch. Fragte jemand verwundert, was das bedeute, sagte der Freund: »Das ist die Malakoff. Extra für mich!«

Rote Grütze auf Hamburger Art

Als ich in Wien studierte und nebenbei als Hilfsbibliothekarin arbeitete, musste ich den Wiener Kollegen oft deutsche Absonderlichkeiten erklären, und eines Tages fragte jemand: »Also, ich hab gehört, die essen so was wie Grütze, sogar Rote Grütze, stimmt das?«

»Ja«, antwortete ich, »das ist das beste Sommeressen, das man sich denken kann!«

Da kreischten sie alle miteinander los: »Igitt! Die Billie isst Grütze!«

Daraufhin kaufte ich auf dem Naschmarkt Johannisbeeren, Himbeeren und schwarze Johannisbeeren, kochte eine *Rote Grütze auf Hamburger Art*, lieh mir von meiner Vermieterin die größte Schüssel, füllte die Rote Grütze hinein und versenkte sie in einen Beutel, den ich hinten auf dem Gepäckträger meines Fahrrades festklemmte, und so radelte ich von Penzing bis zur Kärntner Straße.

In der Mittagspause kaufte ich die üppigere Beigabe zur Roten Grütze: Obers, Sahne, und stellte die Flasche neben meine Schüssel.

Es dauerte nicht lange, und die Kollegen wurden

neugierig: »Dürfen wir probieren?« Und: »Das ist ja – also, so was Gutes hab ich lang nicht gehabt. Das ist die Rote Grütze? Ich glaub's nicht!«

Ich bezeichne diese Rote Grütze als die einzig wahre, weil das Rezept aus der Familie meines Großvaters – Kontorhaus bei der Katharinenkirche, Villa am Harvestehuder Weg – stammt und man sie mit gewissem Recht eine hamburgische nennen darf. Kochen kann man sie nur im Sommer, zur Beerenzeit:

Rote Grütze auf Hamburger Art

500 g Johannisbeeren, 250 g Himbeeren, 100 g schwarze Johannisbeeren oder Sauerkirschen mit Kernen und Stielen in einen Topf füllen, so viel Wasser dazugeben, bis es knapp unter der Beerenoberfläche steht. Aufkochen, auf Mittelhitze etwa 10 Min. gar ziehen lassen, durch ein Sieb streichen und diesen dicken, sämigen Saft so zuckern, wie er es verlangt. 1 EL Speisestärke und 1 Beutel Vanillepuddingpulver mit etwas Wasser verrühren, den Saft aufkochen lassen, mit der Speisestärke verrühren und 2–3 Min. weiterkochen lassen. In eine große Schüssel füllen, abkühlen lassen und im Kühlen aufbewahren. Diese rote Pracht isst man mit Vanillesauce oder mit Sahne.

Für mich ist die Rote Grütze das allerbeste Dessert: Sie ist die ewige Sommerwonne. Ich lade nur die liebsten Freunde dazu ein, und wenn das Wetter gut ist, sitzen wir auf dem Balkon, und die Rotbuche rauscht uns mit ihren Blättern ihr Lied.

Kochen – Zeit zum Nachdenken

Bei vielen Gerichten erlebe ich immer wieder, dass Freunde fast ungläubig fragen: »Diese Arbeit machst du dir noch? Das gibt's doch auch in Dosen! Oder tiefgekühlt!« Mag sein. Ich koche aber gern. Und ich koche manchmal gern die großen alten Gerichte wie früher.

Ja, natürlich macht das Arbeit. Alles, was gut werden soll, braucht seine Zeit. Aber erstens habe ich jetzt Zeit in meinem Leben. Und zweitens ist es ein sinnliches Vergnügen, eine Creme im Wasserbad zu rühren und zu sehen, wie sie Gestalt annimmt, weiche, schwunghafte Spuren formt. Erst recht den Hefeteig zu kneten, seine lebendige Fülle, sein Atmen unter den Händen zu spüren, dann durchs Fenster des Backofens zu verfolgen, wie er sich in der Hitze bläht und bräunt.

Es gibt noch einen dritten Punkt, der vielleicht der wichtigste ist. Zum Kochen braucht man »Seelenruh«, wie Wilhelm Busch gesagt hat. Wenn ich koche und backe und brate, habe ich Zeit zum Nachdenken. Ich schaue friedlich zu, wie sich das Eiklar in der Pfanne zu dem makellosen Weiß verwandelt, in dem das Dotter noch reiner und goldener aussieht. Ich sehe die Grießnockerln langsam im simmernden Wasser nach unten sinken und am Topfboden ihren langsamen Grießnockerltanz tanzen, sehe sie schwellen und sich glätten, und irgendwann stößt sich eines von ihnen vom Boden ab und steigt wie eine Seejungfrau empor.

Das ist so friedlich und so vertraut, dass sich der Rest der Alltagshetze, falls er auch mich gepackt hat, in nichts aufgelöst hat und die Gedanken von ganz alleine kommen und ihre eigenen Wege gehen und sich manchmal so klären, wie sich die Fleischbrühe klären kann, wenn ich sie richtig behandle.

Zur Autorin

Sybil Gräfin Schönfeldt wuchs in Nassau a. d. L., Göttingen und Berlin auf, studierte Germanistik und Kunstgeschichte und promovierte in Wien. Sie lebt seit den 1950er Jahren in Hamburg und hat zwei Söhne. Ihr Mann ist vor zehn Jahren gestorben.

Sie arbeitete als Redakteurin und freie Journalistin vorwiegend über das Thema Essen & Trinken und schrieb für DIE ZEIT, das ZEIT-Magazin, für *stern* u. a. Kolumnen über Tischsitten und Tischkultur. Sie ist Mitbegründerin des Food Editors Club (FEC). Seit den 1960er Jahren veröffentlichte sie zahlreiche Kochbücher. Zwischen 1995 und 2010 erschienen im Arche Literatur Verlag literarische Kochbücher zu *Theodor Fontane*, *Johann Wolfgang von Goethe* und *Thomas Mann* sowie zu *Astrid Lindgren*. Seit 2005 gibt sie einen *Literarischen Küchenkalender* heraus (jetzt bei edition momente). Sie erhielt mehrere Gold- und Silbermedaillen der Gastronomischen Akademie Deutschlands sowie deren *Goldene Feder* und gilt heute als die *grande dame* der Kochkultur.

Ebenso große Verdienste erwarb sie sich um die Kinderliteratur als Autorin, Rezensentin und Übersetzerin, u. a. von Rudyard Kipling, *Das Dschungelbuch*, und Lewis Carroll, *Alice im Wunderland* (Hans-Christian-Andersen-Übersetzerpreis 1982). Sie war mit Astrid Lindgren befreundet und verfasste eine Biografie (Neuausgabe Rowohlt 2007) sowie

Erinnerungen an sie (ebersbach & simon 2017). Darüber hinaus veröffentlichte sie Bücher über das Alter und ihre Familiengeschichte (*Hoffen auf das Bessere*, Stuttgart 2015). Sybil Gräfin Schönfeldt erhielt zahlreiche Auszeichnungen und wurde 1997 vom Börsenverein des Deutschen Buchhandels als »Förderer des deutschen Buches« geehrt.